Schriftenreihe
Europäischen Instituts für Klima und Energie
Bd. 1

Günter   des

Die Energie
ist schon gesc

Günter Keil

Die Energiewende ist schon gescheitert

1. Auflage, erweiterte Fassung vom 5. 4. 2012

© TvR Medienverlag, Jena 2012
www.TvRMedienverlag.de

Druck und Bindung: UAB „Baltijos Kopija", Vilnius

Printed in Lithuania
All rights reserved.

ISBN 978-3-940431-32-5

Inhalt

	Vorbemerkung	6
1 –	Die deutsche Energiepolitik: Eine Fieberkurve	8
2 –	Das Erneuerbare-Energien-Gesetz: Gefahr für den Industriestandort Deutschland	11
3 –	Die verhängnisvolle und erfolgreiche Informationspolitik	17
4 –	Jenseits der Planwirtschaft: Entschädigung für die Nicht-Erzeugung von „Ökostrom", Verpflichtung zur Hellseherei und „negative Preise"	21
5 –	Ist das Erneuerbare-Energien-Gesetz verfassungswidrig?	25
6 –	Windstrom: Versorgung nach Wetterlage	27
7 –	Solarstrom: Geringer Nutzen für sehr viel Geld	40
8 –	Biogas: Nur begrenzt umweltfreundlich	58
9 –	Neue Kohle- und Gaskraftwerke – der Rettungsanker, der nicht greift	61
10 –	Die Stromnetze werden an die Grenzen ihrer Belastbarkeit getrieben	69
11 –	Zukunftstechniken ohne Zukunft: Das Prinzip Hoffnung als Realitätsersatz	84
12 –	Die Energie-Planwirtschaft ist längst Realität	91
13 –	Das stille Ende großer Ankündigungen – und das Erwachen der Gewerkschaften	94
14 –	Die Geister, die man gestern rief...	99
15 –	Deutschlands Energiewende bedroht die Nachbarländer	104
16 –	Für Industrie und Bürger wird es immer teurer – die „Energiearmut" wächst	110
17 –	Ein internationales Urteil	121
18 –	Globale Entwicklungen gehen in eine andere Richtung	123
19 –	Schäden und Kollateralschäden	129
20 –	Wie geht es weiter?	135

Vorbemerkung

Man stelle sich vor, dass einem TV-Sender ein Drehbuch über ein politisches Thema angeboten wird, dessen Inhalt sich in Kurzform etwa wie folgt liest:

> In Japan ereignet sich ein furchtbares Erdbeben mit einer gewaltigen Tsunamiwelle, die eine riesige Zahl an Toten zur Folge hat. Auch ein großes Atomkraftwerk an der Küste wird schwer beschädigt.
>
> Im fernen Deutschland bricht Panik aus, obwohl in diesem Land die sichersten Reaktoren stehen und weder schwere Erdbeben noch Tsunamis drohen. Die deutsche Regierungschefin – nennen wir sie Frau M. – hat aber eine Idee: Sie will ihren Gegnern endlich das Atomangst-Argument aus der Hand schlagen, mit dem man sie ständig ärgert. Sie will jetzt die Atomenergie einfach abschaffen und verkündet, dass sie nun plötzlich begriffen hätte, dass Atomreaktoren unsicher sind. Das habe sie vorher nicht gewusst. Frau M. ist übrigens Physikerin.
>
> Sofort werden acht Kernkraftwerke abgeschaltet, die übrigen dann später. Weil die Reaktorsicherheits-Experten leider erklären, dass die Atomkraftwerke doch sicher sind, beruft Frau M. einen Ethikrat, der gar nicht erst über den Ausstieg diskutieren soll, sondern dem sie gleich die gewünschte Antwort als Frage vorlegt: „Wie kann ich den Ausstieg mit Augenmaß vollziehen...?" Diesem Ethikrat gehört kein Energieexperte an, jedoch zwei Bischöfe.
>
> Dieser Rat gibt die gewünschte Antwort und dann wird ein Ausstiegs-Gesetzespaket beschlossen, das Parlament und Bundesrat anschließend in Rekordzeit verabschieden. Es herrscht große Angst, denn schon morgen können die Reaktoren explodieren. Jedenfalls genau die, die zuerst abgeschaltet wurden. Die übrigen noch nicht.
>
> Der jetzt fehlende Strom wird nun zum großen Teil aus den Nachbarländern importiert: Und das ist wieder überwiegend Atomstrom. Das stört jetzt aber niemanden mehr. Deutschland ist noch einmal davon gekommen. Frau M. nennt es die Energiewende.

Ein solches Drehbuch würde wegen Unglaubwürdigkeit abgelehnt. Soweit die Fiktion.

Wie man weiß, hat sich das aber tatsächlich im Frühjahr und Frühsommer 2011 zugetragen.[1] Jetzt, wo sich die ersten Auswirkungen zeigen und die Fehler im Gesetzeswerk, in den Methoden ihrer Kaschierung und in der Argumentation der Regierung deutlich hervortreten und nun auch Reaktionen aus dem Ausland vorliegen, kann man eine Diagnose der sogenannten Energiewende versuchen.[2]

---

[1] Vgl. Wolfgang Clement: Angela Merkels nukleares Solo, NOVO-Argumente, 11. 7. 2011, www.novo-argumente.com/magazin.php/novo_notizen/ artikel/000882

[2] Vgl. ebd., sowie: Prof. Hermann-Josef Wagner (Ruhr-Univ. Bochum): Kosten rauf, Sicherheit runter, bild der wissenschaft 4/2004; Holger Krahmer, MdEP: Deutsche Energiepolitik ignoriert europäische und internationale Realitäten, 26. 3. 2011, www.fdp-sachsen.de/online/ fdp/fdp.nsf/; Arnold Vaatz, MdB: Über die Energiewende, ihre Gründe und Folgen, 4. 2. 2012, www.eike-klima-energie.eu/; Laura Gitschier, Christian Schwägerl: Umwelt: Wacklige Wende, DER SPIEGEL Nr. 41/2011, 10. 10. 2011, www.spiegel.de/spiegel/print/d-80818228 .html; Jan Fleischhauer, Guido Kleinhubbert, Alexander Neubacher: Die Öko-Falle, DER SPIEGEL Nr.11/2011, 17. 3. 2011, www.spiegel.de/spiegel/print/d-77435179.html; FOCUS: Das Energie-Abenteuer: Deutschland hebt ab. 127 Fakten, Nr.23/11, 6. 6. 2011, www.focus.de/.

1. Die deutsche Energiepolitik: Eine Fieberkurve

Die Energiepolitik eines Industrielandes gehört zu den wichtigsten Politikfeldern, weil sie die internationale Wettbewerbsfähigkeit des Landes und damit auch die Lage auf dem Arbeitsmarkt und den privaten und öffentlichen Wohlstand entscheidend bestimmt. Sie muss effizient und berechenbar sein und der Wirtschaft und den Bürgern Energie kostengünstig und zuverlässig zur Verfügung stellen.

Diese Anforderungen sind unverzichtbar. Sie dürfen nicht durch politische Interessen in Frage gestellt oder aufgegeben werden, weil z.B. bei einer schweren Schädigung der Wirtschaft durch eine gezielt auf Verteuerung der Energie setzende Politik letztlich auch jeglicher Umweltschutz scheitert.

Mit dieser einfachen Wahrheit im Sinn betrachte man die deutsche Energiepolitik in den vergangenen eineinhalb Jahren:

- Am 28. September 2010 beschloss die Bundesregierung ihr „Energiekonzept für eine umweltschonende, zuverlässige und bezahlbare Energieversorgung"[3], das „die energiepolitische Ausrichtung Deutschlands bis 2050 beschreibt" (BMU-Feststellung). Der damit verkündete Größenwahn einer 40-jährigen Energieplanung endete dann auch nach acht Monaten.

- In einem Anflug von Realitätssinn beschloss die Regierung anschließend eine Laufzeitverlängerung für die Kernkraftwerke um durchschnittlich 12 Jahre, die der Bundestag am 28. Oktober 2010 verabschiedete. Man hatte wohl erkannt, dass

---

[3] BMWi, BMU (Hg.): Energiekonzept für eine umweltschonende, zuverlässige und bezahlbare Energieversorgung, 28. 9. 2010, www.bmu.de/pdfs/allgemein/application/pdf/ energiekonzept_bundesregierung.pdf.

man angesichts des nur langsam steigenden und zudem sehr unzuverlässigen Versorgungsbeitrags der sogenannten Erneuerbaren Energien noch recht lange eine sichere Grundlast-Stromversorgung benötigen würde.

- Das änderte sich am 14. März 2011 in sein Gegenteil mit der Verkündung einer auf drei Monate befristeten Aussetzung der Laufzeitverlängerung durch die Bundeskanzlerin – das sogenannte Moratorium. Am darauf folgenden Tag teilte sie mit, dass die sieben ältesten deutschen Kernkraftwerke während des Moratoriums abgeschaltet werden sollten. Auch das seit 2009 abgeschaltete KKW Krümmel sollte in dieser Zeit außer Betrieb bleiben.

- Am 6. Juni 2011 beschloss die Regierung ein Energiepaket mit dem Titel „Der Weg zur Energie der Zukunft – sicher, bezahlbar und umweltfreundlich". (Man beachte die veränderte Reihenfolge der Eigenschaftswörter.) Es war streckenweise eine Neuauflage des Papiers vom September 2010 – allerdings mit einer wichtigen Änderung, die das BMU wie folgt beschreibt: „Die Darstellungen zur Kernenergie in Kapitel C [...] zum Energiekonzept vom September 2010 werden durch den Beschluss des Bundeskabinetts zur Änderung des Atomgesetzes vom 6. Juni 2011 ersetzt. Gemeinsam bilden die Beschlüsse des Energiekonzepts von 2010 (mit Ausnahme der Darstellung der Kernenergie) und der Energiewende 2011 die **aktuelle** [sic!] Energiepolitik der Bundesregierung ab."[4] Was denn nun? Aktuell oder für 40 Jahre? Eher aktuell.

- Durch das 13. Gesetz zur Änderung des Atomgesetzes wurde die Laufzeitverlängerung vom Oktober 2010 am 6. August 2011 zurückgenommen.

Die deutsche Energiepolitik in den vergangenen eineinhalb Jahren gleicht einer Fieberkurve. Ihre wilden Kurswechsel sind für die Wirt-

---

[4] BMU: Das Energiekonzept der Bundesregierung 2010 und die Energiewende 2011, Stand Oktober 2011 [ergänzende Vorbemerkung zum „Energiekonzept" der Bundesregierung vom 28. 10. 2010], http://www.bmu.de/files/pdfs/allgemein/application/pdf/energiekonzept _bundes regierung.pdf [19. 5. 2012], Hervorhebung hinzugefügt.

schaft schlimm genug. Was dabei aber leider konstant blieb, sind ihre fundamentalen Fehler aus der Vergangenheit: Die planwirtschaftlichen und zerstörerischen staatlichen Maßnahmen, die unter dem Sammelbegriff „Erneuerbare Energien-Gesetz" bekannt sind.

2. Das Erneuerbare-Energien-Gesetz: Gefahr für den Industriestandort Deutschland

Ein kurzer Blick in die Geschichte dieses gefährlichsten Sprengsatzes für die deutsche Wirtschaft: Es war die vierte Regierung Kohl (CDU, CSU, FDP) mit ihrem Umweltminister Klaus Töpfer, die das „Stromeinspeisungsgesetz" vom 7. Dezember 1990 – die Mutter des EEG – in die Welt setzte, und nicht etwa Rot-Grün.

Der vollständige Titel hieß „Gesetz über die Einspeisung von Strom aus erneuerbaren Energien in das öffentliche Netz", woraus man schon damals sowohl einen physikalischen Blödsinn im Gesetzestitel (erneuerbare Energie gibt es nicht) und eine ideologische Verengung des Blicks auf den Strom entnehmen kann. Damit hatte die Regierung Kohl bereits die hauptsächlichen Merkmale des späteren EEG festgelegt, deren Unsinn heute stärker denn je fortwirkt. Es folgte das vierte Kabinett Kohl, in dem schon eine Frau Merkel Ministerin für Frauen und Jugend war; im fünften und letzten Kabinett Kohl ab dem 17. Januar 1994 war sie dann Ministerin für Umwelt, Naturschutz und Reaktorsicherheit.

Die rot-grüne Regierung von Schröder schrieb dann ab 1. April 2000 dieses Gesetz, das dann „Erneuerbare Energien-Gesetz" hieß, mit einer Novellierung fort. 2004 ließ das zweite Kabinett Schröder eine weitere Novellierung folgen. 2009 setzte die große Koalition – CDU und SPD – unter Merkel die EEG-Novellierung fort. Die schwarz-gelbe Koalition unter Merkel ließ dann die nächste Novellierung des EEG zum 1. Januar 2012 folgen.

Diese Vorgeschichte erklärt, weshalb die vier „alten" Parteien CDU, SPD, FDP und CSU die volle Verantwortung für dieses Gesetzeswerk tragen und weshalb niemals in einem Koalitionsvertrag ein radikaler Rückbau des EEG beschlossen wurde. Da diese Parteien – in welcher Kombination auch immer – die künftigen Regierungen bilden werden, wird den Deutschen das EEG bis zu seinem von Industrie, Gewerkschaften und Medien erzwungenen bitteren Ende erhalten bleiben.

Im Laufe seiner nunmehr 21-jährigen Entwicklung hin zu einem mit deutscher Gründlichkeit ausgebauten, großen und die kleinsten Details regulierenden Paragraphenwerk ist das EEG von seinen irgendwie sympathischen Anfängen – als Unterstützungsmaßnahme für kleine, von den großen EVU unterdrückte Produzenten regenerativ erzeugten Stroms – zu einem Monster geworden, das die Wirtschaft insgesamt bedroht.

Das EEG weist vier fundamentale Fehler auf, die sich durch die strikte Durchsetzung und Ausweitung dieses Gesetzeswerks in eine Bedrohung des Standorts Deutschland verwandelten, ohne der Umwelt zu helfen:

1. Die unverständliche Fokussierung des EEG auf die Stromerzeugung ignorierte den Sektor Wärmeversorgung sowohl bezüglich der dort umgesetzten Energiemengen als auch bezüglich der Importabhängigkeit der dort eingesetzten, überwiegend fossilen Energieträger. Dessen verspätete Einbeziehung (Gesetz zur Förderung erneuerbarer Energien im Wärmebereich) war von abrupten Änderungen der Förderung bis hin zu vorübergehenden Stops gekennzeichnet, die die Heizungsbranche einem chaotischen Wechselbad aussetzten und die dringend notwendige Modernisierung bremsten. Stagnation auf tiefem Niveau ist das Ergebnis. Die Milliardensubventionen wurden an diesem für Deutschland wichtigsten Energiesektor vorbei gelenkt – und dies dazu noch mit erheblichen volkswirtschaftlichen Kollateralschäden im Sektor der Stromwirtschaft, dem das EEG eigentlich dienen sollte.

2. Das anscheinend verfolgte energiepolitische Ziel, bei der Stromerzeugung von fossilen Energieträgern wegzukommen, wurde mit einer falschen Förderungspolitik angegangen: Man wählte bestimmte Techniken dafür aus, anstatt Einsparziele für die Energieträger vorzugeben und die Wahl der dafür geeigneten Techniken bzw. deren Weiterentwicklung dem industriellen Wettbewerb zu überlassen. Damit schuf man Förderreservate für bestimmte Techniken, von denen sich die extra ausgewählte, obwohl für das sonnenarme Deutschland a priori ungeeignete Photovoltaik als ein finanzielles Fass ohne Boden bei gleichzeitigem äußerst geringem Nutzen erwies – außer für China. Auch hätte die thermodynamisch völlig unsinnige Stromerzeugung mit Geothermie ohne den ausdrücklichen Wunsch ihrer politischen Förderer niemals auch nur zu Prototypanlagen geführt. Stattdessen hätte es hier kleine, inhärent sichere nukleare Heizkraftwerke gegeben, die im Ausland schon lange bekannt und jetzt in der Weiterentwicklung sind. Unmöglich? Das ist in jenen Ländern möglich, in denen man keine Listen über gute und böse Technologien führt und in denen die Medien keine politisch korrekte Selbstzensur betreiben (siehe Kap. 3).

3. Die Grundidee, der das EEG dienen sollte, nämlich die Umwelt auf diese Weise schützen zu können, stimmte nur am Beginn der Entwicklung. Es ist eine Tatsache, dass eine jede Energietechnik, deren Potenzial in die Leistungsregion von Hunderten von Megawatt oder darüber ausgebaut wurde, zwangsläufig zu einer von Umweltschützern stets verdammten „Großtechnologie" geworden ist – mit allen zugehörigen Nachteilen wie Flächenverbrauch, Rohstoffverbrauch, Verlust an Biodiversität, Umweltbelastungen durch schädliche chemische Emissionen (insbesondere bei der Photovoltaik-Herstellung und bei Biogasanlagen) oder Lärmbelastungen (Windkraft) sowie erheblichem Energieverbrauch für die Produktion der grünen Technik – und letztlich auch erheblichem Entsorgungsaufwand. Man hat am Ende nur die alten Umweltprobleme gegen neue ausgetauscht.

4. Das EEG hatte von Anfang an planwirtschaftliche Tendenzen, die sich mit den extrem zunehmenden Subventionen für die

ausgewählten „Erneuerbaren" zur Umwandlung des ehemals marktwirtschaftlich ausgerichteten Energiesektors in einen von Planwirtschaft gefesselten Sektor auswuchsen. Mit den zwangsläufigen Folgen, die eine Planwirtschaft kennzeichnen: Unkontrollierte Verschwendung in Milliardenhöhe; starke Energiekostensteigerung („Energiearmut"); großer verspäteter Aufwand für das Beheben von Defiziten, die durch das jahrelange Ignorieren von zentralen Voraussetzungen für eine derartige Umgestaltung des Elektrizitätssystems entstanden sind (fehlende Speicher, unzureichendes Netz, fehlende konventionelle Kraftwerke als Sicherheit); Verwandlung des erhofften Nutzens in eine Bedrohung (Vertreibung der energieintensiven Industrie, Blackouts); Ärger mit den Nachbarländern wegen des Missbrauchs ihrer Stromnetze als Abladeplatz für wetterbedingte Stromüberschüsse; technologischer Rückstand oder völliger Verlust von Kompetenzen auf den nicht vom EEG begünstigten Feldern.

Diese EEG-verursachten Probleme wurden durch das plötzliche Abschalten von sieben Kernkraftwerken nochmals erheblich vergrößert. Zudem gab Deutschland damit seine bisherige Rolle als Exporteur von Grundlaststrom auf – ohne Abstimmung mit den Nachbarländern.

Die EEG-Förderung der verschiedenen „grünen" Technologien entbehrt jeglicher Logik, betrachtet man die Subventionen, die jeweils eine Megawatt-Stunde (MWh) Stromerzeugung verschlingen darf – und das für 20 Jahre garantiert[5]:

- Photovoltaik: 307 €/MWh
- Geothermie: 166 €/MWh
- Biomasse: 112 €/MWh
- Wind (Land): 104 €/MWh
- Wasser: 24 €/MWh

---

[5] BDEW: Erneuerbare Energien und das EEG: Zahlen, Fakten, Grafiken (2011), Fassung vom 23. 1. 2012, http://www.bdew.de/internet.nsf/id/3564E959A01B9E66C125796B003CFCCE/$file/BDEW%20Energie-Info_EE%20und%20das%20EEG%20(2011)_23012012.pdf [14. 5. 2012].

Nicht weiter verwunderlich, dass insbesondere bei der Photovoltaik ein extremer Bauboom im sonnenarmen Deutschland einsetzte, dessen Folgekosten jenseits der 100-Milliarden-Grenze liegen.[6]

Der EU-Energiekommissar Günther Oettinger warnte bereits Anfang März, danach im Juni, im August, im September und zuletzt am 22. Oktober 2011. Hohe Energiekosten gefährdeten nicht nur den Wirtschaftsstandort, sondern auch den sozialen Frieden, wenn ein Teil der Menschen die Stromrechnung nicht mehr bezahlen könne. „Ich bin überrascht, wie gedankenlos die Entwicklung der Strompreise hingenommen wird", sagte Oettinger auf dem internationalen Wirtschaftsforum in Baden-Baden. Deutschland zähle weltweit zu der Spitzengruppe bei den Strompreisen. Dies sei eine Ursache für die stetige De-Industrialisierung – energieträchtige Produktionen würden ins Ausland verlagert, sagte Oettinger.

Zu den Belastungen durch Steuern und Abgaben – darunter auch die EEG-Umlage – siehe Kap. 16.

Der Bundesverband der Energie- und Wasserwirtschaft BDEW präsentierte eine EEG-Mittelfristprognose bis 2016. Danach ist mit folgenden Auszahlungen an die „Einspeiser" zu rechnen: Für 2013 sind 19,3 Mrd. €, für 2014 20,8 Mrd. €, für 2015 22 Mrd. € und für 2016 23,8 Mrd. € zu erwarten – und entsprechend wird sich die EEG-Umlage auf den Strompreis erhöhen.[7]

Die EEG-Gewinner sind: Bayerische Erzeuger
Eine von den Erfindern unbedachte Wirkung des EEG ist die Aufteilung der Bundesländer in Gewinner und Verlierer. Absoluter Gewinner ist Bayern: Seine Bürger müssen jährlich 2,2 Mrd. € für die EEG-Umlage zahlen, dafür strömen den geförderten Grünstromproduzenten Bayerns – hauptsächlich Bayerns Photovoltaik-Betreibern – 3,3 Mrd. € zu, die zu ca. einem Drittel von den Verbrauchern in den anderen Ländern kommen. Auch alle nördlichen Ost-Bundesländer sowie Niedersachsen gehören mit ihrem exzessiven Windräder-Bestand zu den Gewinnern der grünen Tombola.

---

[6] Prof. Manuel Frondel, RWI Essen: Die EEG-Förderung von Photovoltaik: Technologischer Irrweg, bdvb-aktuell 102/2008.
[7] BDEW, wie Fn. 5.

Umgekehrt ist NRW der große Verlierer im EEG-Umlage-Spiel: Nordrhein-Westfalens Bürger zahlen 5,34 Mrd. € an EEG-Umlage; die EEG-Profiteure aus NRW nehmen aber nur 1,29 Mrd. € ein. Auch die drei Stadtstaaten gehören zu den Verlierern, ebenso Baden-Württemberg und Hessen.[8] Es handelt sich also bei dem großen EEG-Umverteilungsprojekt nicht nur um eine besonders extreme unsoziale Umverteilung von unten nach oben (Mieter finanzieren Hauseigentümer und Landwirte), sondern auch um eine regionale Umlenkung von Geldströmen.

Schon werden Debatten darüber geführt, wie man diese politisch geschaffenen Subventionsgeldströme wieder politisch umlenken könnte: Den Ostländern mit riesenhaft ausgebauter Windkraft – dort sind 42 Prozent der gesamten Windkraftleistung Deutschlands installiert; gut das Doppelte, was sie selbst verbrauchen können – gefällt nicht, dass sie für den Transport dieses Stroms nach Westen und Süden den dazu nötigen Netzausbau selbst bezahlen sollen. Ost-Unternehmerverbände fordern „Gleichbehandlung". Spätestens jetzt ist die Aktion „Gleichbehandlung für NRW" fällig.

---

[8] Ebd.

3. Die verhängnisvolle und erfolgreiche Informationspolitik

Wer die amtlichen Verlautbarungen zur Energiepolitik – zur Begründung von Gesetzen, die die Förderung bestimmter Energietechnologien betreffen, die politischen Erläuterungen zu sämtlichen staatlichen Maßnahmen auf diesem Gebiet – kritisch betrachtet, der kann zunächst die durchgängig festzustellenden fast unglaublichen Fehler nicht fassen.

Die von Frau Merkel angestrebte sogenannte Energiewende ist – abgesehen vom Ausstieg aus der Kernkraft – in allen Einzelheiten seit sechs Jahren der Kern der Energie-Regierungspolitik. Neu ist nur der geradezu messianische Ehrgeiz, die selbst gesteckten Ziele in einer noch kürzeren Zeit zu erreichen. Der Anspruch, damit Vorbild für den Rest der Welt zu sein, ist auch nicht neu, sondern typisch.

Der Grundgedanke der Energiewende 2011 ist die völlige Abschaffung der Kernkraftwerke und der weitgehende Ersatz der Kohle- und Gaskraftwerke durch die sogenannten erneuerbaren Energien (Windstrom, Solarstrom, Biogaskraftwerke, Wasserkraft, Geothermiestrom), die es natürlich nicht gibt: gemeint sind regenerative Energien. Auffällig sind drei Prinzipien dieser Politik:

- Nahezu ausschließliche Konzentration auf elektrische Energie,
- dabei das Ersetzen von zuverlässiger Grundlastversorgung durch tageslicht- und wetterabhängige Stromerzeugung mit Bedrohung der Netzstabiliät
- und die Vernachlässigung der Wärmeversorgung.

Vorbei sind leider die Zeiten, in denen eine Oberste Bundesbehörde unter keinen Umständen die Bürger gezielt getäuscht und mit falschen Informationen in die Irre geführt hätte. Die einzige lässliche Sünde war in diesen „guten alten Zeiten" das Weglassen allzu peinlicher Aussagen – aber es wurde niemals gefälscht und gelogen.

Die Manipulation von Fakten und absichtliche Falschinformationen sind seit etwa sechs Jahren zu einem normalen Mittel der Öffentlichkeitsarbeit geworden. Da es sich bei dem Thema Energiewirtschaft und Energietechnik um Fachgebiete handelt, die dem Normalbürger eher fremd sind, war diese Politik der systematischen Desinformation außerordentlich erfolgreich – wie Meinungsumfragen auf diesem Gebiet belegen (siehe unten).

Das Hauptschlachtfeld dieses Medienkriegs sind die sogenannten erneuerbaren Energien. Es war und ist das politische Ziel der letzten und der derzeitigen Bundesregierung, für diese Energietechniken trotz ihrer vielfachen und massiven

Nachteile eine öffentliche Akzeptanz zu erreichen und Widerstände der Fachleute zu neutralisieren. Dazu dient diese systematische Fehlinformation – sie ist ein politisches Instrument zur Durchsetzung ideologischer Ziele, und dabei geht es keineswegs nur um die Umwelt. Umwelt- und Klimaschutz sind nur ein für die Bürger vorgeschobener Schirm, hinter dem sich ein konsequenter Kampf gegen die westliche Industriegesellschaft verbirgt. Diese kann man mit dem Instrument einer massiven Verteuerung der Energie am wirksamsten treffen – und eben das leistet das Erneuerbare Energien-Gesetz.

Wie stark die jahrelange Desinformationskampagne der Medien bereits gewirkt hat, demonstrierte unfreiwillig das Deutsche Atomforum, als es Mitte 2010 eine Umfrage zur künftigen Energieversorgung bei Emnid in Auftrag gab. Die darin gestellte Frage lautete: „Welche drei der nachfolgend genannten Energieträger werden in fünf Jahren unsere Stromversorgung in Deutschland im Wesentlichen sichern?"[9]

---

[9] Deutsches Atomforum: Repräsentative Umfrage zur Kernenergie, Juni 2010, PM v. 15. 6. 2010, www.kernenergie.de/kernenergie/documentpool/Themen/Umfrage_Kernenergie_DAtF_tnsEmnid_201006.pdf [15. 5. 2012].

Die Antwort war verblüffend:

- **Platz 1** erhielt die **Solarenergie** – mit 69 Prozent Voten der Befragten. Realität: Platz 8 mit nur 1,1 Prozent an der Stromerzeugung von 2009.
- **Platz 2** ging an die **Windkraft** – mit 66 Prozent der Befragten. Die Realität: Platz 5 mit 6.5 Prozent an der Stromerzeugung.
- **Platz 3: Wasserkraft** – mit 44 Prozent der Befragten. Tatsache: Platz 7 mit 3,2 Prozent Anteil.
- **Platz 4** ging interessanterweise an die **Kernenergie**: Mit 30 Prozent der Stimmen. Tatsache: Platz 2 mit 22,7 Prozent Anteil.
- **Platz 5** wurde dem **Erdgas** zugewiesen: Mit 27 Prozent der Voten. Real: Platz 4 mit 13,0 Prozent Anteil.
- **Platz 6** erhielt **Biomasse**-Strom mit 22 Prozent der Befragten. Tatsache: Platz 6 mit 4,3 Prozent Anteil.
- **Platz 7** erhielt die **Braunkohle** mit 10 Prozent der Stimmen. In Wirklichkeit Platz 1 mit 24,7 Prozent Stromanteil.
- **Platz 8** ging an die **Steinkohle** mit 9 Prozent der Befragten. Die Realität: Platz 3 mit 18,0 Prozent Anteil.

Hier stand die Welt in den Köpfen auf dem Kopf: Die wichtigsten Stromerzeugungsformen landeten unter „ferner liefen". Die Nischenerzeuger Sonne, Wind und Wasser mit insgesamt gerade einmal 10,8 Prozent Anteil an der Stromerzeugung kamen auf die ersten drei Plätze – mit überragenden Werten. Besser kann man den Erfolg der jahrelang manipulierenden Informationspolitik der Medien nicht dokumentieren.

Das erklärt auch die vermutlich zutreffende Behauptung, dass die Bürger heute mehrheitlich der Energiewende zustimmen, wie sie auch mehrheitlich – mit ca. 60 bis 70 Prozent – die Kernenergie ablehnen.

Es ist bezeichnend für die gesamte Diskussion über die Kernkraft, die sogenannten Erneuerbaren Energien und die Konsequenzen unbedachter energiepolitischer Entscheidungen, dass alle damit befassten Ministerien und alle daran interessierten Parlamentarier alle schwerwiegenden Kritikpunkte an der Energiepolitik schon länger kannten, weil man es einfach wusste und es zudem von renommierten Fachautoritäten – und zwar allgemeinverständlich – wiederholt erklärt bekam: So zum Beispiel in dem ausgezeichneten Artikel „Kosten rauf, Sicherheit runter" von Professor Hermann-Josef Wagner (Ruhr-Universität Bochum) aus dem Jahre 2004.[10]

Das Ignorieren derartiger Warnungen kommt uns nun teuer zu stehen. In den Tageszeitungen und im Fernsehen wurden diese Informationen systematisch ausgeblendet.

In den Medien dominiert in Sachen Energiewende nach wie vor Gesundbeterei – mit einer interessanten Ausnahme: Die extrem teure und kaum wirksame Solarstromerzeugung kommt jetzt in Verbindung mit dem Untergang der angeblichen Zukunftsindustrie Photovoltaik in das Schussfeld der Medien. Im Übrigen wird aber Optimismus verbreitet. Das Medien-Adjektiv für die mit der Energiewende verbundenen teuren und riskanten Vorhaben heißt: „Ehrgeizig."

Diese ehrgeizigen Pläne und Maßnahmen werden im Folgenden behandelt.

---

[10] Hermann-Josef Wagner: Kosten rauf, Sicherheit runter, bild der wissenschaft 4/2004.

4. Jenseits der Planwirtschaft: Entschädigung für die Nicht-Erzeugung von „Ökostrom", Verpflichtung zur Hellseherei und „negative Preise"

Das Erneuerbare-Energien-Gesetz (EEG) enthält mehrere kaum glaubhafte Vorschriften, die eine besondere Erwähnung verdienen:

Beispiel 1: Entschädigung für die Strom-Nichterzeugung
Die Härtefallregelung des EEG – der §12 – bestimmt: „Wird die Einspeisung von EEG-Strom wegen eines Netzengpasses [...] reduziert, sind die von der Maßnahme betroffenen Betreiberinnen und Betreiber [...] für 95 Prozent der entgangenen Einnahmen [...] zu entschädigen. Übersteigen die entgangenen Einnahmen [...] in einem Jahr 1 Prozent der Einnahmen dieses Jahres, sind die [...] Betreiberinnen und Betreiber [...] zu 100 Prozent zu entschädigen."

Mit anderen Worten: Bei besonders häufigen Netzstörungen durch den grünen Strom gibt es für dessen Erzeuger mehr Geld.

Dies erinnert leider sehr an die Praktiken der Agrar-Planwirtschaft in der EU, wo ebenfalls Produktionsvermeidungen finanziell belohnt werden. In Deutschland wird nun auch die Energiewirtschaft dazu verurteilt, nach den schlimmsten Methoden der Planwirtschaft zu einem ineffizienten Milliardengrab zu verkommen.

Beispiel 2: Gesetzliche Verpflichtung zur Hellseherei
Der §11 (2) EEG enthält eine Verpflichtung für die Netzbetreiber, die offenbar von den Gesetzesmachern für notorische Betrüger gehalten werden, in die Zukunft zu sehen und das Ergebnis den Betreibern der Ökostromanlagen (EE-Anlagen genannt) verbindlich mitzuteilen: „Netzbetreiber sind verpflichtet, Betreiberinnen und Betreiber von Anlagen [...] **spätestens am Vortag,** ansonsten unverzüglich **über den zu erwartenden Zeitpunkt, den Umfang und die Dauer der Regelung zu unterrichten**, sofern die Durchführung der Maßnahme vorhersehbar ist." (gemeint ist ein Eingriff des Netzbetreibers, z.B. das Stoppen der Einspeisung in sein Netz; Hervorhebung hinzugefügt).

Der Netzbetreiber muss also „spätestens am Vortag" eine Netzüberlastung oder Netzstörung voraussehen. Da derartige Überlastungen gerade durch den plötzlichen und massiven Anstieg von Windstrom innerhalb von Stunden verursacht werden, muss das der Netzbetreiber „spätestens am Vortag" „den erwarteten Zeitpunkt" und auch „den Umfang" sowie ebenfalls „die Dauer" der morgigen Störung und seiner dann notwendigen Eingriffe sicher feststellen und mitteilen.

Wahrscheinlichkeitsaussagen, wie sie die Meteorologen gerne benutzen, da selbst sie niemals exakt die regionalen Wettergeschehnisse vorhersagen können, sind hier unzulässig.

Man darf auf das Ergebnis der sicher kommenden Zivilklagen von Erzeugern gegen Netzbetreiber, die ihren hellseherischen Pflichten nicht nachgekommen sind, gespannt sein.

Diese Bestimmung sagt alles sowohl über den Realitätsbezug als auch über die Denkweise im Bundesumweltministerium.

Beispiel 3: Ökostrom-„Verkauf" zu „negativen Preisen"
Bemerkenswert ist, dass es durch diese Härtefallregelung des EEG dem Netzbetreiber **nicht erlaubt ist, bei Unverkäuflichkeit des Ökostroms** an der Strombörse diesen abzuschalten bzw. **dessen Einspeisung abzulehnen.** Er muss stattdessen den vom Markt unerwünschten Strom entweder verschenken, oder gar noch dem Interessenten Geld bezahlen, damit er den Strom abnimmt. Das wird beschönigend „negative Preise" genannt.

Das BMU selbst schreibt in seinem EEG-Erfahrungsbericht von 2011: „Im September 2008 wurde an der Strombörse die Möglichkeit negativer Preise eingeführt. **Dies ist bislang weltweit einzigartig.** [Anmerkung: Die Verfasser sind eindeutig stolz darauf!] Tatsächlich sind negative Preise inzwischen mehrfach vorgekommen, im Extremfall wurden Preise bis zu minus 500 €/MWh erreicht".

Das BMU weiter: „Um die Höhe negativer Preise zu begrenzen, sah die Ausgleichsmechanismus-Ausführungsverordnung (AusglMechAV) vom 22. Februar 2010 eine bis zum Jahresende 2010 befristete Übergangsregelung vor, welche die ÜNB [Netzbetreiber] in Ausnahmefällen von der Pflicht befreite, EEG-Strom um jeden Preis an der Börse verkaufen zu müssen. [...] Um das Kostenrisiko auch über das Jahr 2010 hinaus zu reduzieren, enthält die AusglMechAV seit dem 1. Januar 2011 eine bis zum 28. Februar 2013 befristete Möglichkeit, negative Preise zu begrenzen. Danach greifen Preislimits zwischen minus 150 und minus 350 Euro."[11]

Es geht also genau so weiter.

Selbstverständlich erhält der Erzeuger auch in diesen Fällen seine volle Einspeisevergütung, die genau wie die Zuzahlung an den Abnehmer den Verbrauchern aufgebürdet wird, die dadurch den grünen Strom doppelt bezahlen müssen.

Auch hier stimmt die Parallele zur Agrarpolitik der EU: Überschüsse, die keiner braucht, werden verbilligt, also unter den Erzeugungskosten, ins Ausland exportiert, wodurch dann die regionalen Erzeuger aus dem Markt verdrängt werden. Die durch den Über-

---

[11] BMU: Erfahrungsbericht zum Erneuerbare-Energien-Gesetz (Entwurf), Stand 3. 8. 2011, http://www.bmu.de/files/pdfs/allgemein/application/pdf/eeg_erfahrungsbericht_2011_entwurf.pdf, S. 25f.

schussexport in den Empfängerländern angerichteten Schäden addieren sich zu den finanziellen Schäden, die in den EU-Staaten angerichtet werden.

Eine exakte Parallele zum jetzt von Deutschland praktizierten doppelt subventionierten Export des überflüssigen Wind- und Solarstroms, der ebenfalls in den Empfängerländern zu Schäden führt: Deshalb die von Polen angekündigte Importsperre für grünen deutschen Überschuss-Strom (siehe den Abschnitt „Deutschlands Energiewende bedroht die Nachbarländer" in Kapitel 15).

Selbst die UdSSR und ihre Satellitenstaaten haben es während der Ära des „real existierenden Sozialismus" und seiner letztlich das ganze System zerstörenden Planwirtschaft nicht fertig gebracht, die Nichtproduktion von Strom mit einer Bezahlung zu belohnen. Das war Deutschland vorbehalten. Und das BMU hat hier recht: Das ist weltweit einzigartig.

5. Ist das Erneuerbare-Energien-Gesetz verfassungswidrig?

Es gilt der alte Spruch: Vor den Schranken der Gerichte und auf hoher See ist man in Gottes Hand. Das bedeutet für das hier behandelte Thema: Vielleicht hat die Politik auch beim EEG die Rechnung ohne das Verfassungsgericht gemacht.

Am 5. März 2012 meldete die Nachrichtenagentur dapd: „Ein Gutachten der Universität Regensburg befeuert die Debatte um das Erneuerbare-Energien-Gesetz (EEG). Experten der Rechtsfakultät sind demnach zu dem Schluss gekommen: Die Umlage der Kosten für die Energiewende auf alle Stromverbraucher ist verfassungswidrig. Das Gutachten wurde im Auftrag des Gesamtverbandes der deutschen Textil- und Modeindustrie erstellt. Studienautor Gerrit Manssen sieht dabei deutliche Parallelen zwischen dem einstigen ‚Kohlepfennig' und der Ökostrom-Umlage. Im Jahr 1994 hatte das Bundesverfassungsgericht die Abgabe zur Subventionierung der Steinkohle für verfassungswidrig erklärt.

Die Verfassungsrichter entschieden damals: Die deutschen Stromverbraucher haben keine besondere Finanzierungsverantwortung für die Förderung des Steinkohleeinsatzes bei der Stromerzeugung. Der ‚Kohlepfennig' war entsprechend unzulässig.

Dabei habe es sich unstreitig um eine Sonderfinanzierungsabgabe gehandelt, führt Manssen jetzt in der Studie aus. Die sei nach der Rechtsprechung des Verfassungsgerichts aber nur zulässig, wenn ‚die Abgabepflichtigen eine besondere Finanzierungsverantwortung trifft'.

Wie die damalige Subventionierung der Steinkohle ist laut Manssen die Förderung von Ökostrom aber Aufgabe der Allgemeinheit und liege nicht in der Verantwortung der Stromverbraucher. Deshalb könne die Öko-Umlage auch nicht durch eine Sonderabgabe finanziert werden.

Als verfassungsrechtlich problematisch stuft Manssen vor allem die 2010 in Kraft getretene Ausgleichsregelung ein, die energieintensive Unternehmen von der Umlage verschont. Die Zahl der begünstigten Firmen steige dadurch an, die Kosten für die Verschonung würden auf alle Stromabnehmer umgewälzt, die nicht von der Neuregelung profitierten.

Durch den damit ‚geschlossenen Finanzkreislauf' zwischen Endverbraucher und Anlagenbetreiber träfe die wirtschaftliche Belastung aus der Förderung regenerativer Energien faktisch immer die Stromverbraucher.

Rolf A. Königs, Vizepräsident des Gesamtverbandes Textil und Mode, sagte ‚Welt Online', mehrere Unternehmen der Branche prüften nach Vorlage des Gutachtens jetzt, keine EEG-Umlage mehr zu zahlen. Ziel sei es dabei, sich verklagen zu lassen, um so ‚auch höchstrichterlich feststellen zu lassen, dass das Erneuerbare Energien-Gesetz verfassungswidrig ist'."

Nach dem Ärger mit der Physik und der Mathematik nun auch noch der mit der Justiz...

6. Windstrom – Versorgung nach Wetterlage

Die Stromerzeugung mit Windkraftanlagen zeigt wegen deren Wetterabhängigkeit extreme Schwankungen – einschließlich tagelanger Perioden ohne jede nennenswerte Leistung; aber auch plötzlich auftretende Leistungsspitzen, die das Verbundnetz an den Rand des Zusammenbruchs bringen. Großflächige Stromsperren drohen vor allem im Winter, wenn der Bedarf steigt, das Ausland weniger liefert – und Flaute herrscht. Bei plötzlichem Starkwind kann das Gleiche geschehen: Dann schalten die Windräder schlagartig ab. Man lässt es darauf ankommen.[12] Zunächst einige Daten und Fakten:

- Die typischen Windkraftanlagen (WKA) sind 3-flüglige „Schnellläufer", die nach Einschätzung des Leipziger Energieinstituts[13] bei Betriebsaufnahme 2012 rund 1.761 **Vollaststunden** erreichen (von 8760 Jahresstunden = 20 Prozent) – und durch technische Weiterentwicklung 2016 rund 1.817 h **(21 Prozent).**

- Dies ist eine Rechengröße, die sich aus der in einem Jahr gelieferten Energiemenge (kWh) dividiert durch die Maximalleistung der Anlage (kW) ergibt und verdeutlicht, wie viele Stunden im

---

[12] Vgl. Hermann-Josef Wagner: Kosten rauf, Sicherheit runter, bild der wissenschaft 4/2004; Hubert Flocard: The Electricity Of France, September 2010 - August 2011", 15.9.2011, http://ejc2011.sciencesconf.org/conference/ejc2011/110815_AbstractHFlocardV1.pdf [15. 5. 2012]; World Energy Council: Weltenergierat: Echte Energiewende nur auf europäischer Ebene machbar, Pressemitteilung vom 26.5.2011, www.weltenergierat.de; Holger Krahmer, MdEP: Deutsche Energiepolitik ignoriert europäische und internationale Realitäten, 26.3.2011, http://www.fdp-sachsen.de/online/fdp/fdp.nsf/News.xsp?id=5BFE063C87EF1F6C 125786100413D68 [15. 5. 2012].

[13] Matthias Reichmuth (Leipziger Institut für Energie GmbH): Die EEG-Mittelfristprognose bis 2016, Oktober/November 2011, www.et-energie-online.de/Zukunftsfragen/tabid/63/ NewsId/32/Die-EEGMittelfristprognose-bis-2016.aspx [15. 5. 2012].

Jahr die Anlage **mit voller Leistung** hätte laufen müssen, um die tatsächlich gelieferte Energiemenge zu liefern. Die Photovoltaikanlagen erreichten dagegen 2011 nur klägliche 939 Vollaststunden – das sind **10,7 Prozent**.[14]

- Die Leistung einer WKA steigt und sinkt mit der dritten Potenz der Windgeschwindigkeit. Das bedeutet: Bei doppelter Windgeschwindigkeit steigt die Leistung um das Achtfache. Umgekehrt gilt selbstverständlich: Bei halber Windgeschwindigkeit sinkt die Leistungsabgabe auf ein Achtel – also magere 12,5 Prozent. Dieses von der Physik bestimmte Verhalten erklärt die extrem variierende Leistung von WKA-Parks: Jede geringe Veränderung der Windstärke erzeugt große Leistungsschwankungen. Für eine Stromversorgung, die auf Kontinuität der angebotenen Leistung angewiesen ist, sind WKA deshalb völlig ungeeignet. Man benötigt riesige Stromspeicher, die die volle Leistung jeder WKA für mindestens 30 Minuten ausgleichen können. Diese gibt es nicht. Kohle- oder Gaskraftwerke müssen diesen Ausgleich übernehmen – und werden dadurch unwirtschaftlich.

- „Wie Auswertungen realer Einspeisedaten zeigen, kann die Einspeisung aus PV- bzw. Windkraftanlagen zeitweise nahe 0 Prozent liegen, während hohe Einspeiseleistungen von mehr als 50 Prozent der installierten EE-Kapazitäten [d.h. der „Erneuerbaren"] nur an 5 bis 10 Prozent der Jahresstunden erbracht werden."[15] Eine nüchterne Feststellung, die das Scheitern der im April 2000 getroffenen und seither mehrfach erneuerten Fehlentscheidungen zum großen Ausbau der „Erneuerbaren" nicht treffender bewerten könnte.

Die wetterbedingten Leistungsschwankungen, die bei WKA besonders groß sind, werden zu einem immer größer werdenden Problem: „Es sind allein im ersten Halbjahr 2011 Variationen der verfügbaren Windkraftkapazitäten von 23 GW (=23.000 MW) und der Pho-

---

[14] Ebd.
[15] BDEW: Gutachten Flexibilisierung, Berlin, 11. 10. 2011, http://www.bdew.de/internet.nsf/id/1997CB655301C2E2C125792F0041B8AA/$file/Gutachten_Flexibilisierung_Kernaussagen.pdf [15. 5. 2012].

tovoltaikleistung von 13 GW beobachtet worden." (H. Gassner, RWE Innogy). Ein Alptraum für die Übertragungsnetzbetreiber.

Die stets bei der Einweihung neuer Windparks behauptete Versorgung von mehreren tausend Haushalten gehört hierbei zu den Standardlügen, denn bei Flaute kann kein einziger Haushalt versorgt werden.

Es konnte trotz der bereits installierten gewaltigen theoretischen Maximalleistung aller Windkraftanlagen noch kein einziges Kohlekraftwerk abgeschaltet werden, weil die WKA im Gegensatz zu Kohle- und Kernkraftwerken keine Grundlast liefern – das heißt zu jeder Stunde und an jedem Tag. Im Gegenteil: Man benötigt schnell regelbare Kraftwerke, die einspringen, wenn sich die Leistung der WKA zu schnell ändert, und die Kraftwerke, die das am besten können, sind Kernkraftwerke. Diese werden nun der Reihe nach abgeschaltet und fallen als Netzstabilisatoren aus.

Daher müssten neue Kohle- und Gasturbinen-Kraftwerke für diesen Zweck gebaut werden; allerdings rentiert sich das nicht für die Investoren (siehe Kapitel 9).[16]

Weil große Stromspeicher fehlen, muss man buchstäblich um jeden Preis versuchen, überflüssigen Windstrom, der oft genug verschenkt werden muss, ins Ausland zu leiten. Manchmal muss sogar dem Abnehmer dafür noch ein Preis bezahlt werden. Der dafür benutzte Begriff ist „negativer Preis." Der Erzeuger erhält dennoch die EEG-Einspeisevergütung; der Verbraucher zahlt dann doppelt für den überflüssigen grünen Strom.

Endgültig auf den Kopf gestellt wird die bei der Energiewende prinzipiell missachtete Marktwirtschaft durch die sogenannte Härtefallregelung in §12 EEG: Zufällig anfallender Wind- oder Solarstrom, der vom Netzbetreiber nicht akzeptiert werden kann und dessen Produktion folglich unterbleibt, muss trotzdem bezahlt werden – siehe Kapitel 4.

Der Ausbau der Windkraft erfolgt weiterhin mit hohem Tempo. Das vergrößert das Problem – aber man negiert es.

Prinzipiell könnten Pumpspeicherwerke diese Schwankungen ausgleichen, aber Deutschland hat unveränderlich viel zu wenige

---

[16] Institut der deutschen Wirtschaft (Köln): Gas- und Kohlekraftwerke: Die Unabkömmlichen, 28.10.2010, www.iwkoeln.de/de/infodienste/iwd/archiv/beitrag/30229 [15. 5. 2012].

davon und der immer größer werdende Bedarf kann hier niemals gedeckt werden.

Es werden zudem Langzeitspeicher benötigt, um längere Flauten abfangen zu können. Eine zehntägige Flaute ist nicht selten. Deutschland erlebte jedoch im Oktober und November 2011 eine 44 Tage andauernden Hochdruckwetterlage, die einen nicht enden wollenden, spektakulären Einbruch in der Windstromerzeugung mit sich brachte. Die Daten liegen vor:

Von der gesamten in Deutschland installierten Windstrom-Leistung von 27.215 MW (Stand nach EWI vom 30. Juni 2011) lieferten die Windräder an 24 Tagen des November 2011:

- an zwei Tagen 30 Prozent,
- an vier Tagen 15 Prozent,
- an fünf Tagen 7 bis 8 Prozent,
- an zwei Tagen 4 bis 5 Prozent,
- an 11 Tagen 2 bis 2,5 Prozent

ihrer möglichen elektrischen Arbeit.

Prof. Fritz Vahrenholt, RWE Innogy GmbH, merkte jedoch bereits 2010 dazu an, dass der durchschnittliche Tagesverbrauch bei 450 TWh (Terawattstunden = Milliarden kWh) Jahresverbrauch bei 1,25 TWh und bei zehn Tagen somit bei 12,5 TWh liegt. Die derzeit in Deutschland vorhandene Kapazität an Pumpspeicher-Kraftwerken beträgt 7.000 MW, mit denen sich rund 0,04 TWh an Strom erzeugen lassen, wenn sie komplett leer laufen. Die Bundesnetzagentur nannte die gleichen Zahlen.[17]

Demnach würde zur Abpufferung der Flautezeit von zehn Tagen das 313-fache der heute installierten Pumpspeicherleistung benö-

---

[17] Vgl. Fritz Vahrenholt: Optionen für eine zukünftige Energieversorgung Deutschlands, Rede, Greifswald, 11. 11. 2010, http://www.wiko-greifswald.de/fileadmin/dateien/ pdf/ Veranstaltungen/2010-W/Vahrenholt_Greifswalder_Rede_2010.pdf [19. 5. 2012]; Fortschreibung des Berichts der Bundesnetzagentur [...], Pressegespräch am 27. 5. 2011, http://www.bundesnetzagentur.de/SharedDocs/Downloads/DE/BNetzA/Presse/ Berichte/2011/Fortschreibung MoratoriumsBerichtZusFassung26Mai2011pdf.pdf?__blob=publicationFile [19. 5. 2012]; Heinz Wraneschitz: Energiespeicher, das ungelöste Problem der zukünftigen Stromversorgung, VDI-Nachrichten, 2. 9. 2011, http://www.vdi-nachrichten.com/ artikel/ Energiespeicher-das-ungeloeste-Problem-der-zukuenftigen-Stromversorgung/ 54737 /1 [19. 5. 2012].

tigt. Dies ist für Deutschland und die Alpenregion auch auf Grund von Akzeptanzproblemen vollkommen unrealistisch.

Somit wird in vielen Studien oft auf Norwegen verwiesen.[18] Dort sind die meisten Speichermöglichkeiten derzeit einfache Stauseen mit natürlichem Zulauf, die zwar in Engpasszeiten Strom liefern könnten, aber nicht als Senke (=Stromaufnahme bzw. -Speicherung) in (Windstrom-) Überschusszeiten zur Verfügung stehen.

Zudem müsste im Bedarfsfalle einer Flaute in Deutschland ja auch noch Norwegen weiterhin versorgt werden.

Die letzte Oktoberwoche und der November 2011 zeigten, dass Prof. Vahrenholts Annahme einer zehntägigen Flaute als „worst case" noch stark untertrieben war: Diese Flaute dauerte 3,5 Wochen.

Angesichts dieser Misere werden von der Regierung Hoffnungen auf neue Stromspeichermöglichkeiten geweckt: So wegen der oben erwähnten fehlenden echten Pumpspeicherwerke die Nutzung norwegischer Wasserkraftwerke per Seekabel, die Erzeugung von Wasserstoff mit überflüssigem Windstrom oder die Verwendung von Elektroautos als Speicher für das Stromnetz.

Zu letzterem: Nach der Jubel- und Schönfärbekampagne von Regierung und Medien zur sogenannten „Elektromobilität" hat sich bei den anscheinend verdummungsresistenten Autofahrern (siehe E-10-Benzin) schnell eine realistische Bewertung durchgesetzt: Seit den zwangsläufig deprimierenden Testergebnissen und Bewertungen von ADAC und Autozeitschriften braucht man innerhalb der nächsten 15 bis 20 Jahre nicht mehr darüber sprechen. Zu den anderen Visionen im Kapitel 11 weiter unten.

Inzwischen schält sich eine zwar wiederum teure und energetisch ineffiziente, aber wenigstens machbare Möglichkeit zur Umwandlung von elektrischer Windenergie in geringerwertige chemische Energie heraus: Strom zu Wasserstoff bzw. Erdgas. Der einzig positive Effekt einer größeren Einführung dieser keineswegs neuen Technik bestünde darin, dass der Missbrauch der Stromnetze unserer Nachbarländer durch die Einspeisung überflüssigen deutschen Windstroms abnehmen würde und eine wenigstens teilweise Spei-

---

[18] Vgl. Ralph H. Ahrens: Hoffen auf Norwegens Wasser, vdi-nachrichten, 3. 2. 2012.

cherung der unnötig und teuer erzeugten Energie im eigenen Land erfolgen würde.[19]

Das wäre aber gleichzeitig das Eingeständnis, dass es bereits zu viele Windmühlen gibt – und die logische Konsequenz wäre der sofortige Stop ihres weiteren Ausbaus. Die Strom-zu-Gas-Technik wäre allerdings beim erwarteten Erscheinen des billigen „unkonventionellen" Erdgases (Shale-Gas) in Europa extrem unwirtschaftlich – siehe Kapitel 18.[20]

Deshalb gehörte auch ein Ausbau der Strom-zu-Gas-Technik zu dem die ganze Energiewende prägenden deutschen Prinzip, energiepolitische Fehlentwicklungen durch weitere, teure Fehlentwicklungen zu bekämpfen.

Die Idee, mit dem so erzeugten Gas wieder Strom zu erzeugen, bedeutet jedoch die nahezu vollständige Vernichtung des ursprünglichen Energieinhalts. Niemand wird so etwas versuchen. Außer der Staat: Ein solches, gefördertes Projekt wird in Kapitel 11 beschrieben.

Ein weiteres, durch das Dilemma der fern von den Verbrauchern stattfindenden Windstromerzeugung geborenes Riesenprojekt ist der Bau von mindestens 3000 km neuen Höchstspannungsleitungen von Nord- nach Süddeutschland, um den im Norden erzeugten, dort aber nicht benötigten Windstrom bis nach Baden-Württemberg und Bayern zu transportieren, wo die Abschaltung der Kernkraftwerke besonders große Löcher in die Stromversorgung gerissen hat. Selbstverständlich kann der unzuverlässige Windstrom diese Grundlaststrom-Lücke auch nicht annähernd ausgleichen (siehe Kap. 10).

Wenn man alle Systemschwächen der Windkraft ignoriert und nur die installierte, aber fast nie – und wenn, dann nur für Stunden – gelieferte Maximalleistung herausstellt und diese den Bürgern auch noch als zuverlässige Stromversorgung verkauft, dann kann man sie für die stärkste der „Erneuerbaren" halten. Realistisch betrachtet ist

---

[19] Vgl. Thomas Kiehl: Aus Wind wird Gas, 22. 10. 2011, www.die-energie-bin-ich.ch/aus-wind-wird-gas/ [15. 5. 2012]; Gert Müller-Syring: Power to Gas, Untersuchungen i.R. der DVGW-Innovationsoffensive zur Energiespeicherung, BWK Bd. 63 (2011) Nr.7/8.

[20] Vgl. Matt Riley: Gas Against Wind, The Spectator, 15.10.2011, www.rationaloptimist.com/blog/ gas-against-wind/ [15. 5. 2012]; Helen Robertson: Huge Opportunities in EU Shale Gas, Petroleum Economist, 12.10.2011, www.petroleum-economist.com/Article/2916262/huge-opportunities-in-EU-shale-gas.html [15. 5. 2012]; Frank Dohmen, Alexander Jung, Jan Puhl: Gebt Gas! [Shale Gas], DER SPIEGEL 9/2011, 28.2.2011, www.spiegel.de/spiegel/print/d-77222605.html [15. 5. 2012].

es jedoch nur eine gelegentliche, unberechenbar und zufällig anfallende Stromerzeugung, die nicht nur sehr teuer ist, sondern jetzt nach dem deutlichen Überschreiten einer kritischen Leistungsgröße auch eine potenzielle Gefahr für die Stromversorgung darstellt.

Die Regierung kann das aber nicht zugeben, denn für sie ist Windstrom die Schlüsselkomponente in ihrem Energiekonzept, das sich ohne den Glauben an die mächtige Stromquelle Windstrom in Nichts auflösen würde: Bis 2030 sollen die sogenannten Erneuerbaren enorme 50 Prozent der Stromversorgung liefern; allein die Offshore-Windparks 15 Prozent.

Und bei denen gibt es schon jetzt Probleme: Abgesehen von den erwähnten prinzipiellen Systemschwächen, an denen die Physik und das Wetter Schuld sind, gibt es Schwierigkeiten beim Anschluss der Windräder auf See. Der Netzbetreiber Tennet, der im vergangenen Jahr das 11.000 km lange Höchstspannungsnetz von E.on gekauft hat, ist gesetzlich verpflichtet, alle Windparks in der Nordsee anschließen. Für die Anbindung der Windparks an die Stromnetze auf dem Festland haben die Netzbetreiber feste Fristen. Jetzt warnte Tennet die Bundesregierung in einem Brandbrief vor Engpässen: „Tatsächlich gibt es in sämtlichen laufenden Projekten erhebliche Schwierigkeiten im Planungs- und Baufortschritt." Der Bund drohe seine Ziele beim Ausbau der Meeres-Windenergie zu verfehlen. Alle Beteiligten „stießen an die Grenzen ihrer Ressourcen", und „hinzu kommen massive Probleme bei der Beschaffung des Kapitals."[21]

Deshalb warnte E.on Mitte Februar wegen fehlender Stromnetzanschlüsse vor einem Baustopp. Der erste große Offshorewindpark Amrumbank West werde von Tennet voraussichtlich erst in drei Jahren mit dann 15 Monaten Verspätung angeschlossen.[22]

E.on sucht übrigens inzwischen selbst Hilfe bei Finanzinvestoren für den Windpark Amrum-Bank-West.

---

[21] Teurer Netzausbau: Offshore-Windenergie droht Kollaps, DER SPIEGEL, 16. 11. 2011, http://www.spiegel.de/wirtschaft/unternehmen/teurer-netzausbau-offshore-windenergie-droht-kollaps-a-798074.html [15. 5. 2012]; Vgl. Institut der deutschen Wirtschaft (Köln): Teurer Offshore-Strom, Juni 2011, http://www.iwkoeln.de/de/infodienste/iw-nachrichten/ beitrag/61281 [15. 5. 2012]; Frank Dohmen, Alexander Jung: Stress auf hoher See: Der Bau neuer Offshore-Windparks stockt, DER SPIEGEL 17.12.2011, www.spiegel.de/spiegel/print/d-83180829.html [15. 5. 2012].
[22] E.on droht mit Baustopp bei Offshore-Windkraft, DER SPIEGEL, 14.2.2012, www.spiegel.de/wirtschaft/unternehmen/a-815093.html [15. 5. 2012].

Am 23. Februar 2012 teilten Tennet und RWE mit, dass sie den Ausbau von weiteren Windparkprojekten auf See gestoppt haben. „Wir werden zunächst nur noch die bestehenden Projekte weiterverfolgen", sagte eine Tennet-Sprecherin. Eine finanzielle Kapazitätsgrenze sei erreicht. Zur RWE-Entscheidung nannte der Finanzchef von RWE-Innogy Hans Bünting die fehlende Rechtssicherheit und fehlende belastbare Regelungen für den Fall eines späteren Netzanschlusses.

Im März legte E.on nach. Mike Winkel, Chef der E.on-Sparte Climate&Renewables, erklärte, die Situation sei katastrophal. „Niemand wird weiter investieren, wenn der Netzanschluss so unsicher ist wie derzeit, weder E.on noch andere."[23]

Tennet beklagte inzwischen, dass „die finanziellen Anreize für Netzbetreiber unzureichend" seien. Von den laut Energiekonzept der Bundesregierung für Ende 2022 geplanten Windkraftanlagen mit 13.000 MW Leistung in Nord- und Ostsee habe Tennet nun die Anbindung von rund 5.300 MW auf den Weg gebracht. Mehr sei kostenmäßig für ein Einzelunternehmen nicht möglich. Im Klartext: Bitte noch mehr Subventionen.[24]

Weil der niederländische Staat als 100-prozentiger Eigentümer der Muttergesellschaft Tennet, die Anfang 2010 leichtsinnigerweise das Nord-Stromnetz von E.on (zuvor „Transpower") übernommen hat, vermutlich nicht mit neuem Kapital die Probleme der deutschen Tochter Tennet TSO GmbH und die deutschen Windkraft-Probleme lösen möchte, hatte Tennet nun eine Rettungsidee – auf Kosten Dritter: In einem Brief an Wirtschaftsminister Rösler schlug Tennet die Gründung einer deutschen Gleichstrom-Netzgesellschaft vor, die die notwendigen Investitionen in Höhe von 15 Mrd.€ tragen sollte.

Diese sollte aus den vier großen Übertragungsnetzbetreibern (ÜNB) bestehen: Amprion (früher RWE), Tennet, 50Hertz (Ex-Vattenfall) und EnBW-Netze. Die drei übrigen Netzbetreiber, die sich bereits zusammen mit Tennet seit Wochen in einer „Arbeitsgemeinschaft Beschleunigung Offshore" im Bundeswirtschaftsminis-

---

[23] Ebd.
[24] E.on warnt Deutschland vor Scheitern der Windkraft, WELT-online, 14.2.2012, http://www.welt.de/wirtschaft/energie/article13867570/E-on-warnt-Deutschland-vor-Scheitern-der-Windkraft.html [15. 5. 2012]

terium mit diesen Problemen beschäftigen, zeigten sich von Tennets Vorpreschen überrascht bis befremdet. Alle wiesen diesen Vorschlag zurück. „Tennet habe beim Kauf des E.on-Netzes gewusst, welche Aufgaben anstünden", kommentierte Amprion.

Tennet hatte noch eine zweite Idee: Vor weiteren Aufträgen für den Anschluss von Offshore-Windparks müsse es bei der Haftung neue Regeln geben, heißt es in dem Brief. Wo Versicherungen nicht mehr einsprängen müsse eine „Sozialisierung der Schäden" ermöglicht werden. Schöner kann man das Abwälzen der Risiken auf die Steuerzahler nicht ausdrücken – siehe auch Kapitel 19.[25]

Diese Schadenssozialisierungsidee gibt im Übrigen einen Hinweis auf die Einschätzung der Offshore-Risiken durch die Versicherungen. Dort sind offenbar nüchterne Fachleute am Werk.

Die Idee, den Staat noch weitaus mehr für seine großen Pläne zahlen zu lassen, breitet sich an der Küste aus: Birger Nicolai berichtete in der WELT, dass sich nun selbst Häfen den Umbau ihrer Kaianlagen – z. B. für Stauplätze zum Verladen von Windrädern und für den Umschlag von Seekabeln – vom Staat bezahlen lassen möchten.[26]

Umweltverschmutzung durch Windgeneratorenbau
Über einen bislang unbekannten sehr problematischen Umwelteinfluss des massenhaften Baus von Windkraftanlagen (WKA) haben chinesische Blogger, in England die Daily Mail online und in Deutschland Dr. L. Weß auf der Webseite achgut.de berichtet:

Zunehmend werden WKA als getriebelose Anlagen gebaut, was viele Vorteile hat. Allerdings benötigen die getriebelosen Generatoren starke Permanentmagnete, die große Mengen des Metalls Neodym aus der Gruppe der Seltenen Erden enthalten – etwa 200 kg pro Megawatt Leistung. Neodym ist aber ohne große Mengen begleitenden radioaktiven Abfalls (Thorium, Uran) nicht zu gewinnen. Da das radioaktive Thorium nicht verwendet wird, häuft es sich rund um die chinesischen Minen, aus denen derzeit 97 Prozent der Welt-

---

[25] Daniel Wetzel: Netzbetreiber mit Ausbau auf See überfordert, WELT-Online, 20.2.2012, http://www.welt.de/dieweltbewegen/article13878199/Netzbetreiber-mit-Ausbau-auf-See-ueberfordert.html [15. 5. 2012].
[26] Birger Nicolai: Superschiff von Hochtief droht Kollaps, WELT-Online, 6.12.2011, www.welt.de/wirtschaft/article13753903/Superschiff-von-Hochtief-droht-Kostenkollaps.html [15. 5. 2012].

produktion an Neodym stammen, in riesigen Mengen unter freiem Himmel an. Allein rund um den großen „See der seltenen Erden", einem riesigen Auffangbacken für wässrige Abfallprodukte nahe der der mongolischen Stadt Baotou, lagern schon ca. 90.000 Tonnen Thorium. Ferner würden Seltene Erden in ca. 4000 Abbaustätten rund um Gangzhou der Provinz Jiangxi abgebaut.

Vom chinesischen Neodym wurden bereits 2006 etwa 55 Prozent überwiegend für den Bau von Windkraftanlagen verbraucht; mit steigendem Anteil. Um Chinas Monopolstellung bei den Seltenen Erden zu beenden, wird in Grönland und Kalifornien über die Wiedereröffnung älterer Minen nachgedacht. Umweltgruppen leisten bereits Widerstand: In Kuala Lumpur, Malaysia, demonstrierten kürzlich 3000 Menschen gegen den im Osten des Landes vom australischen Bergbaukonzern Lynas geplanten Bau einer Raffinerie für Seltenerdmetalle, weil sie eine radioaktive Belastung befürchteten.

Eine durch den Bau von Windrädern verursachte nukleare Verseuchung ist etwas Neues. Auf eine Protestaktion von Greenpeace wartet man bislang vergeblich.

Zum Grundsatzproblem der Rohstoffversorgung für spezielle Technologien gab es einen Beitrag der Financial Times Deutschland: „Energiewende gehen die Rohstoffe aus".[27]

Im Dezember 2011 berichtete der SPIEGEL über die Gefahr der Meeresverschmutzung durch Offshore-Windräder: Schwer abbaubare synthetische und mineralische Öle in den Lagern und hydraulischen Elementen könnten bei einer Havarie in Mengen von bis zu tausend Litern ins Meer gelangen und zu einer Gefahr für die Meeresökologie werden. Projektleiter Dirk Kempkes der Fachagentur Nachwachsende Rohstoffe FNR kritisierte: „Die Windbranche setzt zu über 90 Prozent auf konventionelle Öle, die allesamt in den höchsten Wassergefährdungsklassen eingestuft sind."

Folgt auch der Niedergang der Windkraft-Hersteller?
Den Windkraftanlagen-Herstellern in den westlichen Industrieländern droht mittelfristig vermutlich das gleiche Schicksal wie den So-

---

[27] Seltene Erden: Energiewende gehen die Rohstoffe aus, Financial Times Deutschland 25. 6. 2011, http://www.ftd.de/finanzen/maerkte/:seltene-erden-energiewende-gehen-die-rohstoffe-aus/60068805.html [15. 5. 2012].

larstromunternehmen (siehe die Ausführungen zur Solarenergie weiter unten): 2006 fanden sich unter den zehn weltgrößten Windkraftanlagenherstellern noch vier deutsche. 2010 standen nur noch zwei Namen auf der Liste – wohl aber vier chinesische.

Inzwischen haben die chinesischen Hersteller ihre Produktionskapazitäten massiv verstärkt und schirmen insbesondere die Fertigung der Generatoren gegen fremde Augen ab. Die künstliche Verknappung der für den Generatorenbau zwingend benötigten Seltenen Erden durch den Quasi-Monopolisten China – wie oben eingehend beschrieben – ist offensichtlich Bestandteil einer Strategie, die auf die Erringung eines technologischen und wirtschaftlichen Vorteils für die chinesischen Hersteller abzielt.[28]

Auch hier gilt vermutlich der Satz des Branchenexperten Wolfgang Hummel vom Berliner Zentrum für Solarmarktforschung „ Für China ist die Solarförderung nicht Klimaschutzpolitik, sondern Teil einer aggressiven Exportoffensive" ebenso für die Windkraft.

Erste Probleme zeigen sich:

- Der Windkraft-Zulieferer **Siag** stellte im März 2012 Insolvenzantrag, der sich auch auf fünf Tochterunternehmen bezieht.[29]

- Die **Bard-Gruppe** kündigte im März 2012 die Schließung ihrer Rotorblattfertigung in Emden an. Grund: Fehlende Anschlussaufträge nach Abschluss der Fertigstellung des Windparks Bard Offshore 1.[30]

- **Nordex** erlebte in 12 Monaten einen Kursverfall seiner Aktie von 8,40 auf 3,60 €. Nach 40 Mio € Gewinn 2010 gab es 2011 einen Verlust von 10,3 Mio €. 250 Stellen wurden gestrichen. Die Auftragslage sei jedoch gut. Die Zukunft des Unternehmens sieht das Management in Osteuropa.

---

[28] Ebd.
[29] Siag Schaaf stellt Insolvenzantrag, Handelsblatt, 18. 3. 2012, http://www.handelsblatt.com/unternehmen/industrie/windkraft-zulieferer-siag-schaaf-stellt-insolvenzantrag/6341966.html [15. 5. 2012]
[30] Bard schließt Rotorblatt-Fertigung in Emden, Hann. Allgemeine, 19.03.2012, http://www.haz.de/Nachrichten/Wirtschaft/Niedersachsen/Bard-schliesst-Rotorblatt-Fertigung-in-Emden [15. 5. 2012].

Derartige Vorfälle sind jedoch nicht mit den heutigen Problemen der Photovoltaik-Branche vergleichbar. Es ist kaum vorstellbar, dass chinesische Billiganbieter auf dem deutschen Windräder-Markt eine Rolle spielen können. Dennoch besteht Gefahr: Das HANDELSBLATT schrieb am 2. April 2012: „Nordex steht stellvertretend für Europas Windkonzerne. Diese haben ein schweres Jahr hinter sich: Die asiatische Konkurrenz macht Druck. Die Windenergiebranche steht vor einer Konsolidierungswelle. Sinkende Preise und die Konkurrenz asiatischer Hersteller und Zulieferer machen Druck. Für die nächsten Jahre ist ein langsameres Wachstum vorhergesagt. Kostensenkung und Kooperationen sind bei den europäischen Windunternehmen unausweichlich."[31]

Sollte es jedoch zu einem weltweiten Rückgang der meisten regenerativen Energieformen (außer Wasserkraft) kommen, ist auch der derzeitige Erfolg Chinas nicht von Dauer. Dafür gibt es konkrete Anzeichen: Für die weltweiten Industrien der regenerativen Energien geben deren Aktienkurse eine gute Einschätzung durch den Markt. Es gibt dazu den „Regenerative Aktienindex RENIXX", der vom Internationalen Wirtschaftsforum Regenerative Energien (IWR) in Münster beobachtet wird.

Am 21. September 2011 teilte das IWR mit, dass besonders chinesische Solar- und Windenergieunternehmen unter Druck geraten seien. Seit dem Höchstkurs im Jahre 2007 mit 1.918,7 Punkten hat der RENIXX World bereits um über 80 Prozent nachgegeben. Seit Jahresbeginn 2011 habe er bis Mitte September über 40 Prozent verloren. Auch die drei im RENIXX gelisteten deutschen Unternehmen Centrotherm Photovoltaics, Nordex (Windkraft) und Solar World „können sich dem Negativtrend nicht entziehen". „Der Reaktorunfall in Fukushima im März hat nur ein kurzes Strohfeuer ausgelöst, danach ging es mit den Kursen weiter bergab", sagte IWR-Direktor Norbert Allnoch.

Es bleibt somit die Frage, wie lange Deutschland mit seiner Energie- und Förderpolitik einen Umbau seines Energiesystems in Richtung eines sehr viel höheren Anteils an regenerativen Energien wei-

---

[31] Nordex will 2012 die Trendwende schaffen, Handelsblatt, 2. 4. 2012,
http://www.handelsblatt.com/unternehmen/industrie/nach-roten-zahlen-nordex-will-2012-die-trendwende-schaffen/6466660.html [15. 5. 2012].

ter vorantreiben kann. Die internationale Konkurrenz scheint rechnen zu können. Siehe dazu auch Kapitel 17.

Die Prognosen für den Windkraft-Ausbau
Die Übertragungsnetzbetreiber (ÜNB) haben am 14. Oktober 2011 die EEG-Umlage für das Jahr 2012 und am 15. November 2011 die Mittelfristprognose zur EEG-Einspeisung bis 2016 veröffentlicht. Das Leipziger Institut für Energie hat dabei die Prognose zur Stromeinspeisung aus erneuerbaren Energien bis 2016 sowie der entsprechenden Vergütungssummen erarbeitet, auf der beide Veröffentlichungen beruhen.[32]

Darin wurden Strombedarf und die Stromerzeugung in Deutschland in drei Szenarien berechnet; als Grundlage für den dann nötigen Netzausbau. Im mittleren „Trend"-Szenario erwartet das Institut bis zum Jahre 2016

- einen Ausbau der installierten Windstrom-Leistung auf dem Festland von 27.800 MW (2011) auf 35.490 MW (2016)
- und bei Offshore-Windparks von 240 MW (2011) auf 6.330 MW (2016).[33]

In Anbetracht der schon beim jetzigen Ausbau kaum noch zu beherrschenden Schwierigkeiten – insbesondere das unlösbare Speicherproblem – ist diese Abschätzung im Grunde die Projektion einer von Deutschland ausgelösten Katastrophe für den gesamten europäischen Netzverbund. Bereits jetzt beginnen sich die angrenzenden Länder dagegen zu wappnen: Siehe dazu die Ankündigung Polens, die deutschen Windstrom-Überschüsse nicht mehr aufzunehmen (Kap. 15 „Energiewende bedroht die Nachbarländer").

Da der Zeitpunkt, an dem diese Probleme nicht mehr hinnehmbar geworden sind, voraussichtlich lange vor dem Erreichen der prognostizierten Ausbauzahlen erreicht wird, bekommen wir den Windräder-Ausbau wohl ein paar Milliarden Euro billiger.

---

[32] Vgl. Matthias Reichmuth, wie Fn. 13.
[33] Vgl. Institut der deutschen Wirtschaft (Köln), wie Fn. 21.

7. Solarstrom: Geringer Nutzen für sehr viel Geld

Auch die Stromgewinnung aus Sonnenlicht leidet unter dem Wetter und zusätzlich auch unter den Tages- und Jahreszeiten: In der Dämmerung und des Nachts gibt es überhaupt keinen Strom. Ebenso liegt die Leistung der Photovoltaik (PV)-Module bei bedecktem Himmel, bei Regen und auch bei einer Schneedecke auf den Modulen bei Null.

Aus einem Bericht des BDEW geht hervor, dass die mittlere Stromerzeugung aus PV-Anlagen im Zeitraum November bis Februar gerade einmal ein Viertel der Leistung im übrigen Jahr erreicht.[34]

Weil auch bei klarem Himmel die Einstrahlung in Deutschland verglichen mit südlichen Ländern eher bescheiden ist, liefern alle für teures Geld installierten Photovoltaik-Zellen trotz ihrer inzwischen gewaltigen installierten theoretischen Maximalleistung, die Ende 2011 bereits 24.400 MW erreicht hatte, wegen ihres sehr geringen Nutzungsgrades auch nur einen minimalen Anteil an der Inlands-Stromerzeugung.

BDEW: „Die PV macht zwar ein Drittel der installierten Leistung der Regenerativen aus, steuert aber lediglich 12 Prozent zum erneuerbaren Strommix bei".[35]

Probleme verursacht die Photovoltaik wegen ihrer dezentral verteilten Einspeisung auch in den unteren Spannungsebenen des Netzes, das bisher nur auf die Versorgung der Abnehmer, aber nicht auf die Bewältigung der Stromeinspeisung vieler Stromerzeuger ausgelegt ist. Alle PV-Anlagen sind zudem darauf eingestellt, dass alle Anlagen – wie in der bisherigen Niederspannungsrichtlinie des BDEW

---

[34] BDEW, wie Fn. 5, Abb. 5.
[35] Ebd.

gefordert – bei einer Netzfrequenz von 50,2 Hz, die die Folge einer gefährlich zu hohen Stromeinspeisung ist, gleichzeitig vom Netz gehen.[36]

Dieser abrupte Einbruch kann dann zu einem Netzausfall führen, wie das BMU in einem Berichtsentwurf vom Mai 2011 selbst konstatiert.[37]

Deshalb plant es, den Anwendungsbereich des §6 EEG auch auf PV-Anlagen zu erstrecken, so dass auch diese in das Einspeisemanagement nach §11 EEG einbezogen werden. Wie das gehen soll, ist unklar. Denn die Betreiber der unteren Verteilungsnetze haben keine Chance zu einem Eingriff in die zahllosen Einzelanlagen. Auch erfolgen die Stromschwankungen viel zu schnell.

Denn „bei Wolkendurchzug funktioniert das bei Solarstromanlagen nicht", wie der Leiter des Fachgebiets Elektrische Energieversorgungsnetze der TU München, Prof. Rolf Witzmann nüchtern feststellte. Gegen den dadurch verursachten rapiden Wechsel von Leerlauf zu voller PV-Leistung ist der Netzbetreiber machtlos; es hilft nur automatische Abschaltung durch die Einzelanlage selbst und kein „Einspeisemanagement".

Genau darüber denkt das BMU jetzt nach. In die PV-Anlagen müssten Messgeräte eingebaut werden, die ständig die Netzfrequenz messen und bei zu hoher Gesamt-Einspeisung, die sich durch Überschreiten der kritischen 50,2 Hertz-Grenze ankündigt, Einzelanlagen abschalten. Aber welche? Das erfordert zumindest eine teure Nachrüstung aller PV-Anlagen.

Man muss allerdings davon ausgehen, dass auch hier wieder dafür gesorgt wird, dass dem Betreiber der nicht gelieferte Solarstrom voll bezahlt wird. Das ist schließlich das Prinzip der Regierung – siehe die „Härtefallregelung" des §12 EEG.

Der Solarstrom-Nichterzeuger wird also dem Übertragungsnetzbetreiber einen Nachweis über die von seiner Automatik verhinderte Stromeinspeisung liefern müssen, was einen interessanten neuen Entschädigungs-Bürokratismus auszulösen verspricht.

---

[36] Vgl. Heinz Wraneschitz: Bei 50,2 Hertz wird die Sonne vom Netz getrennt, vdi-nachrichten 3. 6. 2011.
[37] BMU, wie Fn. 11. Vgl. Kap. 3.

Dieses Problem und seine Behandlung ist für alle Komponenten der Energiewende typisch: Die negativen Folgen unbedachter Fehlentscheidungen – hier die extreme Photovoltaik-Förderung – werden mit neuen Reparatureingriffen zu beheben versucht – und erneut wird es teuer.

Wachsende Kritik, Kürzungsgerüchte und ein Boom
Während aus der Wirtschaftswissenschaft schon länger harte Kritik an der EEG-Photovoltaikförderung geübt wurde[38], erfolgte am 26. Juli 2011 ein unerwarteter Schlag aus Brüssel: Der deutsche EU-Kommissar Oettinger sieht keine Zukunft für die Photovoltaik in Deutschland. „In Deutschland stößt Photovoltaik an ihre Grenzen. Wir sind kein Sonnenland", sagte er der „Passauer Neuen Presse". Die PV werde in Deutschland nie eine große und kostengünstige Stromquelle sein.

Eine unangenehme Kritik an der gesamten Förderpraxis für die Erneuerbaren kam auch von der vom Bundespräsidenten eingesetzten Monopolkommission, die ein unabhängiges Beratungsgremium für die Bundesregierung auf den Gebieten der Wettbewerbspolitik und Regulierung ist. In ihrem Sondergutachten „Energie 2011: Wettbewerbsentwicklung mit Licht und Schatten" vom 12. September 2011 stellte sie fest: „Eine Vielzahl marktlicher Verwerfungen resultieren zudem aus der **Marktordnung bei erneuerbaren Energien**. Der erwartete Anstieg des Anteils erneuerbarer Energien an der Stromerzeugung legt nahe, dass die Marktverzerrungen hier weiter zunehmen und sich zudem ungünstig auf die Verbraucher auswirken werden. Die Monopolkommission erachtet daher einen grundsätzlichen Wechsel in ein marktnäheres System für überfällig und bedauert, dass eine marktkonformere Ausgestaltung des EEG bei der aktuellen Novelle verpasst worden ist."[39]

Speziell zur Photovoltaik fand die Kommission harte Worte: Sie spricht von einer **„ineffizienten, teuren Technik"** in einem **„klimatisch ungeeigneten Umfeld."** Der BDEW unterstützte die Monopolkommission mit einer Pressemitteilung vom 14. September 2011.

---

[38] Vgl. Fn. 5.
[39] Monopolkommission: Sondergutachten Energie 2011: Wettbewerbsentwicklung mit Licht und Schatten, 12.9.2011, www.monopolkommission.de/aktuell_sg59.html [15. 5. 2012].

"Erneuerbare Energien müssten stärker in den Wettbewerb integriert werden." Der Bundesverband Erneuerbare Energien (BEE) hielt mit einem Gutachten der EU-Kommission dagegen, das Quotensysteme ineffizienter als Umlagen einschätzte.

Im Laufe des Jahres 2011 war die Kritik an der extrem hohen Förderung des Solarstroms, die bei minimalem Stromertrag 50 Prozent der gesamten Ökostrom-Fördermittel verschlingt[40] – im Jahre 2011 erreichte dieser Betrag 22 Mrd € – derart stark geworden, dass aus der Regierung Überlegungen zu einer Reduzierung dieser Förderung zu hören waren.

Das hatte Folgen: Die Furcht vor einer Kürzung der lukrativen Einspeisevergütung brachte im Jahre 2011 mit plus 7.500 MW auf dann enorme 24.400 MW einen Boom bei der Erstinstallation von PV-Anlagen im Sonnenland Deutschland, – mit einem entsprechenden Abfluss von Euro-Milliarden nach China -, was am Jahresende 2011 zu einem relativ größeren, aber nach wie vor unbedeutenden Anteil von 3,2 Prozent an der Gesamtstromerzeugung führte.

Wie Deutschland seine Solarstrom-Industrie förderte und zugleich ihre härteste Konkurrenz aufbaute
Das Geld, das die Solarzellen kosten, geht zu ca. 60 Prozent nach China, Tendenz steigend. Deutschland ist dank seiner übertriebenen Photovoltaik-Zwangsförderung der größte Kunde von Chinas neuen PV-Fabriken. Dort sind die Arbeitsplätze entstanden – mit dem Geld der deutschen Stromverbraucher, die sich keine eigene PV-Anlage leisten können.

China hat diesen gewaltigen Geldstrom für den Aufbau seiner Photovoltaik-Produktion eingesetzt – übrigens mit deutschen Produktionsmaschinen (s.u.), nachdem Deutschland China zuvor mit Millionen beim Aufbau dieser Industrie half (s.u.) – und ist inzwischen der weltgrößte Hersteller, dessen Solarzellen konkurrenzlos billig sind.

---

[40] Vgl. Matthias Reichmuth, wie Fn. 13; Alexander Neubacher: Verblendet, DER SPIEGEL, 16. 1. 2012, www.spiegel.de/spiegel/print/d-83588339.html [15. 5. 2012]; Peter Müller, Alexander Neubacher: Irrsinn beenden. Unionsfraktions-Vize Michael Fuchs über die Fehler der bundesdeutschen Solarförderung, DER SPIEGEL, 16.1.2012, www.spiegel.de/spiegel/print/d-83588340.html [15. 5. 2012].

Deutschland hat China dabei in dreifacher Hinsicht geholfen und gleichzeitig seine eigene Photovoltaik-Industrie in eine aussichtslose Lage gebracht:

- Mit dem EEG bot sich Deutschland als risikoloses Absatz- und Gewinnparadies für Photovoltaikhersteller an. Jahrelang stellte dieses sonnenarme Land den weltweit größten Absatzmarkt dar. Diese Chance ließen sich die chinesischen Produzenten nicht entgehen.

- Die traditionell starken deutschen Maschinen- und Anlagenbauer lieferten China alle benötigten Maschinen zur Massenproduktion der Solarzellen. Damit verfügt China heute über einen nur drei Jahre alten modernen Maschinenpark – und nutzt ihn. Und nun brechen auch den deutschen Solartechnik-Maschinenbauern die Aufträge weg: Branchenweit ist die Zahl der Aufträge um mehr als die Hälfte zurückgegangen und befindet sich auf dem niedrigsten Niveau seit Mitte 2009 (Wirtschaftswoche). „Man könnte überspitzt sagen, dass die deutschen Maschinenfirmen den deutschen Modulherstellern den Untergang bereitet haben." (Helko Böhmer, GeVestor).

- Den eigentlichen Grund für Chinas besonders raschen Aufstieg als Solarzellen-Weltmacht deckte Ende Februar der SPIEGEL in seiner Nr. 9/2012 auf: In dem Artikel „Peking päppeln" von Alexander Neubacher wird berichtet, wie die Bundesregierung die chinesische Photovoltaik-Industrie mit Millionenhilfen und günstigen Millionenkrediten mit voller Absicht aufrüstete. Das Startkapital von 9 Millionen Euro kam direkt vom Umweltministerium. Es handelte sich absurderweise um Geld aus dem Verkauf von Verschmutzungszertifikaten an die deutsche Industrie, die damit selbst das Aufpäppeln ihrer Konkurrenz finanzieren durfte. Das weitere Geld kam aus den Entwicklungshilfeetats der Regierung und ihrer Institutionen: Die Entwicklungsbank der staatlichen KfW Bankengruppe gab China 75 Millionen Euro als zinsgünstiges Darlehen, u.a. an die Solarriesen Yingli, Sunergy oder JA Solar, und die Deutsche Investitions- und Entwicklungsgesellschaft DEG (gleichfalls KfW-Tochter) finanzierte gleichfalls

den Branchenriesen Yingli Solar. Diese Kredite laufen noch bis Dezember 2013 bzw. September 2013 weiter.[41]
Der Wahnsinn hat Methode: Diese Mittel an China sollten laut Broschüren des Bundesumweltministeriums der Förderung der „globalen Klimagerechtigkeit" dienen – und der damit finanzierte Aufbau einer starken chinesischen Solarindustrie war volle Absicht und ein großer Erfolg – allerdings nicht aus der Sicht der deutschen Solarfirmen.
Minister Röttgen ist inzwischen aufgefallen, dass die chinesische Dumpingpolitik „zu einem ruinösen Wettbewerb auf dem Weltmarkt für Photovoltaikanlagen geführt hat" und dass er „eine Preispolitik sehe, die auf die Verdrängung deutscher Unternehmen gerichtet sei", wie er am 23. Februar 2012 erklärte. Dass die deutschen Kredite zur Finanzierung dieses Verdrängungswettbewerbs weiter laufen, kann man annehmen, denn es handelt sich um Verträge.
Frank Asbeck, der Chef des Bonner Solarkonzerns Solarworld, der soeben zusammen mit US-Solarfirmen eine Klage gegen die Dumpingmethoden Chinas eingereicht hat, sollte ihr vielleicht eine neue Richtung geben.

- Wie China im eigenen Land mit ausländischen Herstellern umgeht, musste der Weltmarktführer in Solar-Wechselrichtern, SMA Solar Technology, erfahren. SMA- Vorstandssprecher Urbon: „In den Ausschreibungsverfahren in China kommt kein internationaler Player zum Stich".

Die Zahlen bezüglich der Anteile an der Solarzellen-Weltmarktproduktion in den drei letzten Jahren sind eindrucksvoll – und spätestens seit Mitte 2010 alarmierend (Quelle: Bloomberg/FAZ):

	2009 (%)	2010 (%)	2011 (%)
Deutschland	15,4	9,7	6,7
China	38,1	47,8	57,3

---

[41] Alexander Neubacher: Peking päppeln. Chinas Solarfirmen erobern den Markt mit deutscher Hilfe, DER SPIEGEL 27. 2. 2012; A Capital Error? Germany Created Own Threat With Chinese Solar Aid, SPIEGEL Online International, 27.2.2012, www.spiegel.de/international/germany/0,1518,817781.html [15. 5. 2012].

Das Bonner Marktforschungsunternehmen EuPD Research berichtete im September 2011: „Die Solarzellenproduktion verschiebt sich deutlich nach Asien", die wichtigsten Länder seien jetzt China, Taiwan und Japan.

Besonders rasant verlaufe die Entwicklung in **Taiwan: Während dort der Absatzmarkt auf Grund einer Beschränkung des Zubaus auf 70 MW pro Jahr (!)** 2011 kaum eine Rolle spielen konnte, zeige die Produktion deutliche Zuwächse. Ein Hauptgrund sei der Eintritt großer Elektronik-Konzerne in den PV-Markt.

Eine bezeichnende Politik: Solarpanels in Massen für den Export produzieren – sie aber im eigenen Land nicht dulden. In Deutschland entsteht durch den Verlust der eigenen Produktion bei weiterhin EEG-geförderten massiven Importen die exakt entgegengesetzte Situation.

Einbrüche in der Solarindustrie
Der durch immense Subventionen in den westlichen Industrieländern künstlich geschaffene Absatzmarkt mit seinen hohen Gewinnen führte inzwischen zu einer extremen Überproduktion und damit zu einem dramatischen Preisverfall, der angesichts der überfüllten Lager noch nicht zu Ende ist: 2006 kostete ein Kilowatt Leistung 5.000 €, heute 2.000 – 2.400 €.

- Branchenexperten schätzen die weltweite Solarzellen-Nachfrage 2012 auf 21.000 MW,
- die existierenden Produktionskapazitäten aber auf 40.000 bis 50.000 MW.

Man rechnet jetzt mit einer sehr deutlichen Marktbereinigung. Verluste werden geschrieben, Pleiten und Arbeitsplatzverluste drohen im In- und Ausland.
Die Nachrichten vom Winter 2011/ Frühjahr 2012:
Der Berliner Solarzellenhersteller **SOLON SE** ging in die Insolvenz; mitgerissen auch von der Pleite des österreichischen Solarzellenherstellers **Blue Chip Energy**.
Solar Millenium traf es im Dezember 2011.

Conergy verbuchte 2011 einen Verlust von 80-85 Mio €. Im September 2011 wurde entschieden, die Zellenfertigung in Frankfurt an der Oder einzustellen.

First Solar (USA, s.u.) prüft für seine Werke in Frankfurt-Oder Kurzarbeit.

Der Maschinen-Ausrüster für Solarfabriken **Centrotherm**, Blaubeuren, erlitt Verluste und kündigt 400 von 1928 Mitarbeitern (weltweit). 80 Prozent seiner Umsätze macht das Unternehmen in Asien. Die PV-Hersteller in China, Centrotherms Kunden, leiden seit zwei Jahren unter Überkapazitäten und streichen ihre Investitionen zusammen.

Q-Cells (Bitterfeld) meldete am 3. April 2011 Insolvenz an. Das Unternehmen wurde bereits in der Ausgabe 35/2011 des AKTIONÄR in dessen „Solar-Todesliste" aufgenommen. Über die Hälfte des Grundkapitals war Ende 2011 verloren.

Der kanadische PV-Hersteller **ARISE** meldete für seine deutsche Tochterfirma in Bischofswerda Insolvenz an.

Schott Solar in Alzenau und Jena stellte seine Solarzellen-Produktion ein.

Die **Sunways AG** (Konstanz) hat mit 115,4 Mio € ihren Umsatz in 2011 gegenüber 2010 nahezu halbiert. Die chinesische LDK Solar übernahm ein Drittel der Anteile; die spätere volle Übernahme ist vorgesehen. Auch LDK Solar profitierte von dem Geld, das die Bundesrepublik mit ihrem Kredit der KfW Entwicklungsbank von 75 Mio €, u.a. an den chinesischen Solarkonzernen gab.

Die **SunConcept Group** (Elz, Hessen) stellte für ihre sieben Gesellschaften Insolvenzantrag. **SolarWorld** teilte im Februar mit, dass ihr Ergebnis vor Steuern und Zinsen (EBIT) von plus 193 Mio € in 2010 auf minus 233 Mio € in 2011 abgestürzt ist. Im TecDax stand die Aktie am 4. April 2011 bei 2,20 €; vor einem Jahr waren es 11,90€. Vor einem Kauf der Aktie wird in Börsenkreisen gewarnt, jedoch seien die meisten Beobachter der Meinung, dass der **Konzern gute Chancen hat, auf lange Sicht als einer der Sieger aus der derzeitigen Konsolidierungswelle hervorzugehen.**

Die **Solarhybrid AG** aus dem Sauerland ging Mitte März 2012 in die Insolvenz. **RALOS New Energy AG**, Michelstadt, stellte Ende Februar Insolvenzantrag.

Diese Aufzählung endet Anfang April 2012.

Am 21. Februar 2012 meldete die Börse, dass der deutsche Technologie-Aktienindex TecDax davon profitiert, dass von ehemals neun deutschen Solarunternehmen nur noch drei im TecDax stünden. Nur eins dieser Unternehmen stellt noch selbst PV-Zellen her, die anderen liefern Produktionsanlagen bzw. Elektronik.[42]

Das Bild ist nicht durchweg düster: Der Marktführer in Solar-Dünnschichtzellen **First Solar** eröffnete im November 2011 sein zweites deutsches Werk in Frankfurt/Oder. Gut geht es der Firma aus Tempe/Arizona allerdings nicht (s.u.). Die PV-Maschinenbauer werden diversifizieren; sie müssen nicht ausschließlich Produktionsmaschinen für diese eine Produktklasse fertigen. SolarWorld überlebt voraussichtlich (s.o.). Und der Wechselrichter-Hersteller SMA erwartet bessere Zeiten ab 2013.

Sehr drastisch bewertete E.on-Technologie-Vorstand Prof. Klaus-Dieter Maubach – gewiss kein Photovoltaik-Freund – auf dem „Bloomberg New Energy Finance Summit" in New York die Aussichten der deutschen Solarstrombranche: Deutschlands Solarindustrie werde in den kommenden fünf Jahren angesichts des Wettbewerbs aus China „verschwinden". Nicht ein einziger Arbeitnehmer werde dann noch bei den deutschen Solarunternehmen arbeiten, denn dann seien alle pleite, wird Maubach zitiert.[43]

Die wachsenden Probleme der Solarstrombranche sind keineswegs auf Deutschland beschränkt. Auch in den USA häufen sich Solar-Pleiten: Im September 2011 ging der Solarkonzern **Solyndra**, den noch vor einem Jahr Präsident Obama besucht und als ein perfektes Beispiel das Wachstum mit sauberen Energien und für neugeschaffene, hochbezahlte Jobs gelobt hatte, bankrott und entließ alle 1.100 Mitarbeiter. Ein vom Energieministerium DoE garantierter Kredit über 535 Millionen US-$ ist verloren.[44]

---

[42] TecDax profitiert vom Abstieg der Solar-Aktien, WELT-Online, 21.2.2012, www.welt.de/finanzen/article13880063/ [15. 5. 2012].

[43] Nächste Pleite in der Solarbranche, T-Online, 21. 3. 2012, http://wirtschaft.t-online.de/naechste-pleite-in-der-solarbranche/id_54979554.index [15. 5. 2012].

[44] Jeff Reeves: After Solyndra Sun Might Set On All Solar Stocks, Investor Place, 23.9.2011, www.investorplace.com/2011/09/solar-stock-china-eslra-solyndra-fslr-spwra/ [15. 5. 2012].

Die Aktien von **Evergreen Solar**, die noch 2009 bei 12 US-$ lagen; sind heute noch 10 Cent wert. Evergreen beantragte im August 2011 die Insolvenz.

Der Marktführer **First Solar**, der einst einen Marktwert von fast sechs Milliarden Dollar besaß, erlebte seit Januar 2011 einen Kursverlust von 48 Prozent. Verglichen mit 2008 betrug der Kursverlust über 90 Prozent.

Sunpower, das ebenfalls zu den größeren Unternehmen gehört, erlebte seit 2007 einen Kurssturz von fast 95 Prozent. Im Herbst 2011 dauerten die Verluste bereits über drei Quartale an. Es existieren langfristige Schulden von mehr als 500 Mio Dollar und Gesamtverbindlichkeiten, die gegen 1 Milliarde Dollar gehen.

Auch die Firmen **Spectrawatt**, **SES** und **Stirling Energy** wurden in den vergangenen Monaten vom Markt gefegt.

Auch die italienische Regierung wurde aktiv: Sie zog den Termin der Beendigung der Förderung von PV-Freiflächenanlagen auf Ende Januar 2012 vor. Eine Ausnahmeregelung betrifft im Bau befindliche Anlagen.

Bis vor einigen Jahren war Spanien noch der größte Solarmarkt der Welt. 2011 wurden dann nur noch 400 MW an PV-Leistung zugebaut.[45] „Was heute ein Energieproblem ist, könnte ein finanzielles Problem werden", sagte Industrieminister Jose Manuel Soria am 27. Januar 2012 in Madrid. Die Regierung erließ an diesem Tage ein Dekret, das Subventionen für neue Wind-, Solar-, Co-Feuerungs- und Müllkraftwerke stoppte. Soria erklärte weiter, dass Wasserkraft- oder Kernkraftwerke nicht mit neuen Abgaben belastet würden. „Wer wird jetzt noch nach diesem Dekret in den Sektor der erneuerbaren Energien investieren?", fragte der Chef der Lobby-Gruppe Fundacion Renovables, Javier Breva.

Selbst die chinesischen Firmen **JA Solar** und **Sunergy** werden zur Gruppe gefährdeter Solarunternehmen gerechnet (Bewertung der Schweizer Bank Sarasin).

Deutsche Tageszeitungen meldeten: Anleger flüchteten Ende 2011 „in Scharen aus Papieren der Solarbranche."

---

[45] Ben Sills: Spain Suspends Subsidies For New Renewable Energy Power Plants, 27.1.2010, www.bloomberg.com [nicht mehr einsehbar].

Die grünen Jobs verschwinden wieder
In den westlichen Industrieländern spricht kaum noch jemand von der Solarindustrie als einer Zukunftsindustrie oder Jobmaschine – mit Ausnahme von Bundesumweltminister Röttgen, der anlässlich der Vorstellung der Förderkürzungen am 23. Februar 2012 wörtlich erklärte: „Die Photovoltaik ist eine Erfolgsgeschichte. Sie könnte zum Exportschlager werden."

Die tatsächliche Marktentwicklung trifft jetzt diejenigen Arbeitsplätze, die nach grünen Plänen eigentlich an die Stelle der Jobs in der konventionellen Energiewirtschaft treten sollten.[46] Die staatlich verkündete Behauptung war stets, dass es sich um hochqualifizierte, sogenannte Hightech-Arbeitsplätze handeln würde, was nicht den Tatsachen entsprach. Noch wird in deutschen Forschungsinstituten an der Photovoltaik gearbeitet und daran wird sich voraussichtlich nichts ändern.

Aber schon länger wird kritisiert, dass die deutschen Photovoltaikfirmen selbst nicht genügend Geld in die Forschung investiert haben, sondern im Vergleich zu anderen Technik-Branchen sogar besonders wenig. Das beschleunigte ihren Niedergang. Dass Bundesumweltminister Röttgen im Januar betonte, „er wolle ein Überleben der (Photovoltaik-) Technologieführerschaft in Deutschland", kann sich also nur noch auf die Arbeiten in Forschungsinstituten beziehen, nicht aber auf die Unternehmen, die sein eigenes Ministerium mit der großzügigen Starthilfe für Chinas Solarfirmen dem vorauszusehenden Untergang preisgegeben hat.

Weil die Herstellung der Solarzellen dank der großzügigen deutschen Finanzhilfen weitgehend nach China abgewandert ist, verbleiben in Deutschland mittelfristig nur noch Jobs in der Produktion von begleitender Elektronik (z.B. Wechselrichter, Netztrenngeräte) und in der Montage. Diese Elektronik ist jedoch noch leichter zu kopieren, als die Herstellungstechnologie der PV-Zellen; das trübt die Aussichten.

Das ständig wiederholte Argument über die „Erneuerbaren" als Jobmaschine verliert nicht nur bei der Photovoltaik seine Glaubwürdigkeit. Ohne weitere Dauersubventionen hätte nur ein Teil von ih-

---

[46] Institut der deutschen Wirtschaft (Köln): Nur scheinbar ein Beschäftigungswunder, 1. 9. 2010, http://www.iwkoeln.de/de/infodienste/iwd/archiv/beitrag/30032 [15. 5. 2012].

nen Bestand – z.B. in der Bioenergie, bei den Kraft-Wärme-Kopplungs-Anlagen und der Erdwärmenutzung sowie selbstverständlich bei der Wasserkraft.

Die Photovoltaik ist damit für die Welt keineswegs eine überholte Stromerzeugungstechnik – als eine prosperierende Industriebranche für Deutschland und auch für andere westliche Industrieländer kommt sie aber nicht mehr in Frage.

Technisches Unverständnis und Beratungsresistenz ließ Politiker lange an die Illusion von einer blühenden Solarindustrie glauben; dabei hätte man bereits vor zehn Jahren ohne Schwierigkeiten erfahren können, dass diese Technologie niemals in einem Hochlohnland gehalten werden konnte.

Dass dies dermaßen schnell ging, hat die Bundesregierung mit der Aufbauhilfe für Chinas Solarfirmen selbst verursacht. Es ist vermutlich kein Trost für die deutschen Solarfirmen, dass sie auf dem Altar deutscher regierungsamtlicher Klimaretter geopfert wurden.

Das Rheinisch-Westfälische Institut für Wirtschaftsforschung RWI hat berechnet, dass die gesamten Subventionen für die Photovoltaik mittlerweile die 100-Mrd-Euro-Grenze überschritten haben. Wie man jetzt feststellt, hat dieser enorme Aufwand im Gegensatz zu den politischen Visionen keine nachhaltigen positiven Arbeitsplatzeffekte bewirkt.[47]

Ausbauprognosen
Der Ausbau wird dennoch ohne Zweifel weiter gehen: Die staatliche Bundesnetzagentur hatte am 15. November 2011 ihre „EEG-Mittelfristprognose" vorgelegt, die vom Leipziger Institut für Energie GmbH erarbeitet wurde[48]:

- Für das Jahr 2015 wird eine installierte Leistung von rund 86.000 MW aus erneuerbaren Energiequellen erwartet, wovon über 90 Prozent auf Solar- (40.000 MW) und Windenergie (40.000 MW) entfallen.

- Für 2016 werden 94.000 MW erwartet, wovon über 91 Prozent auf Solar- (ca. 44.000 MW) und Windstrom (ca. 42.000 MW)

---
[47] Vgl. Frondel, wie Fn. 6.
[48] Vgl. Matthias Reichmuth, wie Fn. 13.

entfallen. (Dabei hatte das Institut bereits die PV-Leistung am Jahresende 2011 um 552 MW unterschätzt).

Die Kosten der Photovoltaik machen der Regierung Sorgen
Die Erzeugung des Solarstroms ist teuer; sie liegt um das fünf- bis siebenfache über den Strom-Erzeugungskosten konventioneller Kraftwerke. Die Besitzer derartiger Anlagen erhielten – entsprechend dem EEG-Gesetz – ab 1. Juli 2011 pro eingespeister Kilowattstunde 24,4 Cent, was dann dem Strompreis für Endverbraucher aufgeschlagen wurde.[49]

Der BDEW berichtete: „Bei der Photovoltaik werden [...] lediglich 14% der durchschnittlichen Vergütung [die der Erzeuger durch das EEG erhält] durch die Vermarktung gedeckt; die restlichen 86% müssen durch die EEG-Umlage gefördert werden."[50] Ein Beleg für die extremen Kosten und die katastrophale Unwirtschaftlichkeit dieser Stromerzeugung.

Ein erstaunliches Eingeständnis ist im EEG-Erfahrungsbericht 2011 des BMU (Entwurf) zu lesen: „Die Vergütungszahlungen im Rahmen des EEG beliefen sich 2010 [...] auf über 12 Mrd. €. [...] Hier ist es in den letzten Jahren zu Fehlentwicklungen gekommen [!]. So entfielen 2010 im Stromsektor von rund 23,7 Mrd. € Investitionen in erneuerbare Energien allein 19,5 Mrd. € und damit über **80 Prozent auf die Photovoltaik.**"

Und zum Thema Strompreise liest man: „Insgesamt stieg seit dem Jahr 2000 die durchschnittliche Vergütung für Strom aus [allen] erneuerbaren Energien von 8,5 ct/kWh auf voraussichtlich 15,5 ct/kWh (2010) an. Diese Entwicklung musste dringend gestoppt werden."[51]

Mit der zum 1. Januar 2012 vorgesehenen EEG-Novelle[52], genannt „neues EEG", habe die Regierung „wirksam gegengesteuert und insbesondere mit dem **Abbau der Überförderung der Photovoltaik** entschlossen gehandelt."[53]

---

[49] Neubacher und Müller/Neubacher, wie Fn. 40.
[50] BDEW, wie Fn. 5, S. 41.
[51] BMU, wie Fn. 11, S. 7.
[52] BMU: Gesetz zur Neuregelung des Rechtsrahmens für die Förderung der Stromerzeugung aus erneuerbaren Energien (EEG 2012), Novellierung des EEG vom 30.6.2011.
[53] BMU, wie Fn. 11, S. 8.

Das Zugeständnis durch die Regierung, dass es hier eine Überförderung gibt, ist interessant; die Behauptung, dass sie nun abgebaut würde, traf nicht zu, wie sich dann im Frühjahr 2012 herausstellte.

Der Versuch einer Kürzung – und die Folgen
Wegen der anhaltenden Kritik debattierte die Regierung eine geraume Zeit über eine weitere Kürzung der Einspeisevergütung für Solarstrom und/oder ein Leistungs-Limit für den jährlichen Zubau.

In einer Mitteilung des BMU über „Daten und Fakten zur Photovoltaik-Förderung" vom 17. November 2011 heißt es, dass nach dem am 1. Januar 2012 in Kraft getretenen „neuen EEG" der „Ausbaukorridor" möglicherweise auf 2500 – 3500 MW zusätzliche PV-Leistung pro Jahr sinken könnte.

Darüber stritten sich dann das Wirtschaftsministerium (für starke Kürzung der Vergütung und ein Zubau-Limit („Deckelung") von 1.000 MW – gegenüber dem 7.500 MW-Zubau von 2011) – und das Umweltministerium (gegen starke Kürzung und Deckelung). Die Fraktionschefs der Regierungskoalition hatten bereits in einem Schreiben an den damaligen Minister Röttgen eine Kürzung der Subventionen um 70 Prozent gefordert.

Der Bundesverband der Energie- und Wasserwirtschaft (BDEW) hatte dazu im Januar 2012 festgestellt: Der „Vergleich der Anteile an der EEG-Umlage 2011 und 2012 zeigt, dass sich die Gewichtung zugunsten der Photovoltaik-Förderung weiter verschoben hat" – also eine Entwicklung hin zu einer weiteren Verteuerung der Umlage.[54]

Die Hauptgeschäftsführerin des BDEW, Hildegard Müller, reagierte daher auf die eher milden Kürzungspläne der Regierung mit einer klaren Empfehlung: Nach einem Zubau von 7.500 MW 2011 könne die Solarstrom-Förderung „ zwei Jahre bei jeweils 1.000 MW gedeckelt werden, um diese Zeit für eine grundlegende Diskussion über die Reform des EEG zu nutzen", sagt sie der Ulmer „Südwest-Presse".[55] Aber es war umsonst.

---

[54] BDEW, wie Fn. 5, S. 41.
[55] Dieter Keller: Strom wird teurer (Interview), Südwest-Presse, 14. 2. 2012, www.swp.de/ulm/nachrichten/wirtschaft/Strom-wird-teurer;art4325,1336185 [16. 5. 2012].

Die Regierung vermied nun eine solche Regelung und erklärte, dass die Kürzung den Zubau auf 2.500 bis 3.500 MW begrenzen würde. Die Haltbarkeitsdauer dieser Behauptung betrug nur wenige Tage. Die Wahrheit kam in drei Stufen ans Licht:

Stufe 1: Jammern.
Laut erklangen die Klagen deutscher Solarfirmen – Zitat: „Jetzt steht die Energiewende auf dem Spiel" – mit der Behauptung, dass diese Kürzungen „nicht verkraftbar" seien sowie mit der erstaunlichen Behauptung, dies sei ja „eine der wichtigsten Zukunftsbranchen" (Bundesverband Solarwirtschaft).

Die IG Metall forderte nun für die deutsche Solarbranche ein Nothilfeprogramm. Diese Kürzungen seien kontraproduktiv. (Zu etwas anderen Stellungnahmen von Gewerkschaften zu den Auswirkungen der „Energiewende" auf die Wirtschaft siehe Kap.14). Vorsorglich kündigten Thüringen und Sachsen-Anhalt bereits Schritte zur Verzögerung eines entsprechenden Gesetzes im Bundesrat an: Sie wollen die von den Subventionen lebenden Solarfirmen schützen. Sachsens Ministerpräsident verstieg sich zu der Aussage, seine Solarfirmen seien „der Mercedes" der sächsischen Industrie.

Stufe 2: Experten sehen sich das genauer an.
Eine Prognose des DIHT vom 8. März 2012 ergab, dass im Jahre 2012 voraussichtlich PV-Anlagen mit 8.000 MW Gesamtleistung installiert werden. Das wären sogar 500 MW mehr als selbst im Boomjahr 2011.

Modellrechnungen hätten laut Presseberichten gezeigt, dass die Zubauten nach der alten Regelung, in der die Förderung je nach Zubaumenge (nach jährlich installierter Leistung) automatisch gekürzt wurde, sogar geringer ausfallen würden, als das nun mit der neuen Regelung der Fall wäre. In diesem Falle wäre die jetzt beschlossene Maßnahme eine Geste ohne die angeblich gewünschte Wirkung. Das bestätigte Prof. Felix Höffler vom Energiewirtschaftlichen Institut der Uni Köln in einem WISO-Interview: „Wenn es erneut zu einem massiven Ausbau von über 7.000 MW kommt, dann würden

Investoren vor allem kleinerer und mittlerer Anlagen, die 2015 ans Netz gehen, gegenüber der alten Förderung sogar besser gestellt."[56]

Stufe 3: Entwarnung
Alles ist bestens, es geht weiter wie bisher.

Die oben erwähnte WISO-Sendung vom 12. März ließ zwei Unternehmen der Photovoltaik-Branche zu Wort kommen – und die Stellungnahmen waren frappierend:

Nikolaus Krane (auch Gründer der heute verlustgeschüttelten Conergy) von der WIRSOL Solar AG (Marktführer für große Solarparks): „Die bevorstehenden Kürzungen der Solarförderung betreffen unsere Geschäftsentwicklungen in keiner Weise! Für einen Solarpark mit 130 Mio € Investitionsvolumen und 25 Jahren Laufzeit kann ich 6,5 Prozent Rendite garantieren. Kein anderes Kapitalprodukt auf dem Markt kann dem Investor eine solche Rendite bringen."

Florian Golinski von der SUNTEC Energiesysteme GmbH, Spezialist für kleine und mittlere PV-Anlagen: „Wir hatten eine Eigenkapitalrendite von 11 Prozent; jetzt nach der Kürzung sind es 7,5 Prozent. Das reicht – nennen Sie uns eine andere Anlagenform, die mehr bringt. Natürlich werden wir uns weiter nach preisgünstigen Modulen umsehen – zum Beispiel in Asien."

Am 23. Februar 2012 verkündete die Regierung, dass ab dem 9. März 2012 die Einspeisevergütung sinken soll:

- für Anlagen bis 10 kW Leistung von 24,4 auf 19,5 ct/kWh
- für Anlagen bis 1.000 kW Leistung von 22 auf 16,5 ct/kWh
- für Anlagen über 1.000 kW Leistung von 18,3 auf 13,5 ct/kWh

Bei Dachanlagen sollen nur 85 Prozent des erzeugten Stroms vergütet werden, bei Freilandanlagen 90 Prozent. Damit bliebe diese Förderung auch weiterhin attraktiv hoch.

Eine „Deckelung" nach Zubau-Leistung gibt es nicht.

---

[56] ZDF-WISO Mediathek: Solaranlagen: Warum es sich immer noch lohnt, Video, Sendung vom 12.3.2012, www.zdf.de/ZDFmediathek/beitrag/video/1589930/Lohnt-die-Solaranlage-noch%253F#/beitrag/video/1589930/Lohnt-die-Solaranlage-noch%3F [15. 6. 2012].

Die PV-Kürzung gerät in Turbulenzen
Die Minister Röttgen und Rösler wollten zwar den oben genannten Termin 9. März halten, um einen Förderungswettlauf zu verhindern. Doch der Druck der Lobby verhinderte es: Die schwarz-gelbe Koalition verschob das Datum auf Anfang April. Im Bundesrat drängten Sachsen-Anhalt und Thüringen auf eine Verschiebung bis Juli.
Nun brach eine wahre PV-Installationshysterie aus. DER SPIEGEL berichtete am 26. März 2012, „dass die Deutschen Solaranlagen wie im Rausch installierten, um noch rasch die bisherigen Förderbeträge abzugreifen". In einem internen Papier des Umweltministeriums sei zu lesen, dass der PV-Boom von 2011 noch „deutlich übertroffen werden" könne. Weiter heiße es in dem Papier, dass dadurch die Stromkunden innerhalb der nächsten 20 Jahre um weitere 9 Mrd. € zur Kasse gebeten werden könnten.
Eine gute Nachricht für die chinesischen Hersteller.
Für die Regierung wird die erneute und anscheinend nicht mehr aufzuhaltende Photovoltaik-Zubaulawine – obwohl doch ganz im Sinne der Energiewende – zu einem ernsten Problem. Denn inzwischen haben die Medien nach Abklingen der Energiewende-Euphorie die großen Nachteile der Photovoltaik-Förderung nach dem EEG erkannt: Die immensen Kosten, der klägliche Beitrag zur Stromerzeugung, das Verschwinden der versprochenen Arbeitsplätze und besonders die bislang einzigartige Umverteilung von unten nach oben, die erstaunlicherweise sowohl von den Sozialdemokraten als auch von den stets als Gerechtigkeitskämpfer auftretenden Linken kommentarlos hingenommen wird.
Die Photovoltaik ist jetzt in den Medien ein hartes Argument gegen die Energiewende geworden und damit wurde eine Bresche in die Potemkinsche Fassade geschlagen, die nun keinen Schutz mehr gegen weitere Medienangriffe auf für die Bürger nachteilige Energiewendeaktionen bietet.
Insofern ist das Solarstrom-Dilemma möglicherweise ein derart schwerer Glaubwürdigkeitsschaden für die Regierung, dass alle weiteren mit der Energiewende verbundenen Zumutungen und Belastungen für die Bürger auf noch mehr Widerstand stoßen. Siehe dazu Kapitel 16, ebenso Kapitel 14.

Wie der erwartete extreme Ausbau der Windkraft (s.o.) dürfte auch der enorme weitere Anstieg der Photovoltaik, der durch die jetzt geplanten Maßnahmen voraussichtlich nicht gebremst wird, nicht nur an den untragbar gewordenen Kosten, sondern auch an den ungelösten Problemen im riesigen Verteilungsnetz (s. Kap. 10) scheitern – aber erst nach vielen weiteren von den Verbrauchern gezahlten Milliarden Euro und spürbaren Stromversorgungsproblemen.

Die Regierung sitzt in der Klemme: Einerseits setzt sie voll auf die Photovoltaik. Sie ist eben neben dem Windstrom die zweite Säule der Energiewende. Sie darf trotz erwiesener Nutzlosigkeit nicht fallen, koste es was es wolle.

Andererseits ruiniert die „Überförderung" die „notwendige Akzeptanz des EEG" (Zitat aus dem oben erwähnten Bericht des BMU). Ob die Regierung aus diesem Dilemma herauskommen kann, ist unklar. Vielleicht erhebt sie einen Einfuhrzoll von 100 Prozent auf chinesische Solarpanele. Aber dann rächen sich die Chinesen.

8. Biogas: Nur begrenzt umweltfreundlich

Im Gegensatz zu Wind- und Solarstrom ist Biogas ein Energieträger, der gleichmäßig anfällt, gut speicherbar ist und mit dem auch über einen längeren Zeitraum Strom erzeugt werden kann – in der Fachsprache der Energiewirtschaftler ein „dargebotsunabhängiger" Energieträger – obwohl die Stromerzeugung aus dafür angepflanzter Biomasse deren mit Abstand schlechteste Nutzung darstellt. Ebenso wie die für eine Stromerzeugung vollkommen ungeeignete und quantitativ marginale Geothermie wird Biogas zu sehr zur Gewinnung elektrischer Energie eingesetzt.

Dennoch ist die Stromerzeugung aus Biomasse die nach der Wasserkraft relativ beste „erneuerbare" Stromquelle. Der Grund wird im BDEW-Papier vom 23. Januar 2012 erklärt: „Photovoltaik-Anlagen erzeugen bei Dunkelheit keinen Strom und erreichen nur bei intensiver Sonneneinstrahlung ihre maximale Leistung. Auch Windenergieanlagen laufen nur wenige Stunden im Jahr mit ihrer maximalen Leistung. [...] Wasserkraft und Biomasse [haben] zwar einen relativ kleinen Anteil an der installierten Leistung [...], [erzeugen] aber aufgrund ihrer hohen Verfügbarkeit und Auslastung knapp die Hälfte des Stroms aus erneuerbaren Energien."[57]

Biomasse insgesamt hatte an der Stromerzeugung 2011 laut BDEW einen Anteil von 5,2 Prozent (Vorjahr 4,4 Prozent).

Langsam aber sicher wird Biogas zur teuersten stromliefernden Energieform der sogenannten erneuerbaren Energien. Das liegt vor allem am Anteil der Rohstoffkosten an der Biogaserzeugung, die rund die Hälfte der Stromerzeugungskosten betragen. Biogas kann

---

[57] BDEW, wie Fn. 5., S. 13.

mit einfachen Mitteln zu Erdgas veredelt werden und sollte ausschließlich dem Wärmemarkt zugeführt werden.

Der Grund dafür ist die Überbewertung von Stromerzeugung, was zum exzessiven und teuren Ausbau der Windkraft und der Photovoltaik geführt hat. Solarthermie und die Nutzung von Erdwärme mittels Wärmepumpen hätte stattdessen eine konsequente und wirkungsvollere Förderung verdient.

Die Probleme des Biogases liegen aber nicht allein in einer ineffizienten Nutzung: Das Hauptproblem ist der große Flächenverbrauch, der zuvor landwirtschaftlich genutzte Flächen betrifft und an die Stelle der Produktion von Nahrungsmitteln Energiepflanzen setzt. Und nun gibt es eine neue von der Regierung geförderte Initiative, die diesen Flächenverbrauch noch verstärkt: Die Energiewende.

Aber Widerstand formiert sich:

Jetzt forderte der Bauernverband „einen schonenden Umgang mit der ohnehin knappen Agrarfläche bei der Energiewende", wie Bauernpräsident Gerd Sonnleitner Ende März 2012 erklärte. „Unser Kern- und Hauptgeschäft bleibt die Nahrungsmittelproduktion", für die es große Exportchancen gebe. Besonders scharf wandte sich Sonnleitner gegen den Verbrauch von Landwirtschaftsfläche durch neue Stromtrassen und Solaranlagen. Mit dem Bau von Solaranlagen auch entlang von Autobahnen und Bahnstrecken müsse Schluss sein, denn bereits jetzt gingen täglich rund 90 Hektar Äcker und Wiesen durch Bauprojekte und neue Straßen für die Landwirtschaft verloren. Mit einer Petition an den Bundestag, die von 212.000 Unterschriften unterstützt wird, will der Bauernverband gesetzliche Schritte gegen diesen „Landfraß" erreichen.

Zu den Zahlen:

Die Fachagentur Nachwachsende Rohstoffe FNR in Güstrow-Prüzen schätzte Anfang September 2011, dass in Deutschland Energie- und Industriepflanzen auf rund 2,3 Millionen Hektar (ha) Ackerfläche wuchsen. Laut dem Projektträger des Bundeslandwirtschafts-Ministeriums BMELV entspricht dies etwa 19 Prozent der Ackerfläche Deutschlands und einem Anstieg gegenüber dem Vorjahr um gut 150.000 ha.

Energiepflanzen stehen derzeit laut FNR auf 1,96 Mio ha. Der Anbau von Kulturen für die Biogasproduktion sei gegenüber dem Vorjahr um 150.000 ha und der für Bioethanol um 10.000 ha erweitert worden. Die wichtigste Energie- und Industriepflanze bleibe Raps.

Zwar wird angestrebt, pflanzliche Reststoffe und andere biologische Abfälle vermehrt einzusetzen, aber der Druck auf die Umwandlung von Agrarflächen zur Produktion von Raps, Mais etc. hält wegen der damit erzielbaren weitaus höheren Renditen unvermindert an – eine direkte Folge der Überförderung. Und selbst wenn Gülle zu Biogas vergoren wird, erhöht die Zugabe von Weizen den Gasertrag beträchtlich.

Die gleichen Probleme ergeben sich bei der Herstellung von Biotreibstoff.

Hier tritt ein weiterer negativer Umwelteffekt auf: Es wird in großem Umfang Palmöl aus subtropischen Ländern – z.B. Indonesien – eingeführt und hier verarbeitet. Im Ursprungsland werden daher neue Ölpalmplantagen eingerichtet und dafür Tropenwald gerodet.

Schon lange prangern vor allem die Kirchen die Umwandlung von Agrarflächen und die Verwendung von Lebensmitteln als Energieträger als unethisch und skandalös an. Selbst das dem Umweltministerium nachgeordnete Umweltbundesamt spricht Biogas und Biodiesel schon lange jeglichen Umweltnutzen ab. In seiner hilflosen und erfolglosen Verteidigung der Einführung des E-10-Treibstoffs wagte es der Umweltminister Röttgen denn auch nicht, diesem irgendeinen positiven Umwelteinfluss zuzuschreiben.

Es stellt sich die Frage, wie lange die Politik und die Öffentlichkeit dieser vom Staat unterstützten Vernichtung von Agrarfläche noch zuschaut. Dass man damit die Energiewende in irgendeiner Weise unterstützen könnte, wird durch einfache Rechnungen widerlegt, aus denen hervorgeht, dass in Deutschland nicht annähernd die für signifikante Biogas-Steigerungen erforderlichen Flächen verfügbar sind. Von den katastrophalen Konsequenzen für den Naturschutz ganz abgesehen.

9. Neue Kohle- und Gaskraftwerke – der Rettungsanker, der nicht greift

Mitte Dezember 2011 berichtete der SPIEGEL dass der für die Energiepolitik zuständige Bundeswirtschaftsminister Philipp Rösler „stärker als bisher geplant in zusätzliche Kohle- und Gaskraftwerke investieren" wolle. Gemeint war wohl, dass sein liberal geleitetes und früher die Marktwirtschaft hoch haltendes Ministerium entsprechende Investitionen mit Zuschüssen fördert, wie sie bereits gefordert werden.

Laut SPIEGEL sei in einem BMWi-Papier von „circa 17 neuen Großkraftwerken bis zum Jahr 2022" die Rede. Weiter hieße es dort: „Fossile Kraftwerke sind essenziell für eine sichere Energieversorgung", denn diese müssten die wegfallenden Atomkraftwerke ersetzen und die schwankende Stromerzeugung aus Wind und Sonne ausgleichen.

Dem widersprach sofort der unzuständige aber intensiv mit dem Segen der Kanzlerin Energiepolitik betreibende Bundesumweltminister Norbert Röttgen, der die Existenz von Engpässen in der Erzeugungskapazität bestritt. Bei Kraftwerkskapazitäten gebe es bis 2020 „kein Problem." Es dürften nur die bereits beantragten oder im Bau befindlichen Kohlekraftwerke in Betrieb gehen.

Röttgen bezeichnete Warnungen vor einem „Blackout" ebenso als Horrorszenario wie jene vor explodierenden Strompreisen.

Damit hat man ein halbes Jahr nach Verkündung der Energiewende ein zutreffendes Bild von der Arbeit der Regierung an ihrer Umsetzung.

Der Bundesverband der Energie- und Wasserwirtschaft BDEW ersetzte nun die widersprüchlichen Streitereien aus Berlin durch ein im Oktober 2011 veröffentlichtes Gutachten[58]:

- Der BDEW schätzt, dass bis 2030 etwa 33.000 MW an fossilen Kraftwerken (Kohle und Gas; Öl ist unwesentlich) vom Netz gehen, weil sich der Betrieb nicht mehr lohnt oder Bestandskraftwerke am Ende ihrer Lebensdauer sind. In diese Zahl sind bereits die bis dahin geplanten Neubauten von 12.000 MW eingerechnet.

Anschließend hatte die Bundesnetzagentur in ihrem Monitoringbericht 2011[59] eine Auflistung für den Zu- und Rückbau von Steinkohle-, Braunkohle- und Erdgaskraftwerken präsentiert, soweit es heute sicher bzw. geplant ist:

- „Bundesweit wird bis 2022 ein Rückbau von ca. 29.500 MW dargebotsunabhängigen [d.h. unabhängig von Wind, Wetter, Tageslicht u. ä.] Erzeugungskapazitäten erwartet. Hierin sind die bereits 2011 stillgelegten acht Kernkraftwerke mit insgesamt 8.400 MW enthalten. Neben den derzeit im Bau befindlichen 12.900 MW wird demnach der Zubau von weiteren 16.600 MW dargebotsunabhängiger Kraftwerksleistung benötigt, um den Rückbau bis 2022 auszugleichen. Hierbei ist es wichtig, dass es sich um neue, zusätzliche Kraftwerksleistung handelt, die nicht durch den Rückbau stillzulegender Kraftwerksblöcke am gleichen Standort reduziert wird." Es läge aber „bislang erst für Kraftwerksprojekte mit 1,400 MW eine behördliche Genehmigung" vor. „Weitere 10.600 MW befinden sich noch im behördlichen Genehmigungsverfahren."
- Durch die Stilllegung von fünf Kernkraftwerken fehlen in Süddeutschland etwa 3.000 MW. Erst 2013 und 2014 wird durch die Fertigstellung von zwei Steinkohlekraftwerken ein Zubau um ca. 1.700 MW in Süddeutschland erwartet.

---

[58] BDEW: Gutachten Flexibilisierung, wie Fn. 15.
[59] Bundesnetzagentur: Monitoringbericht 2011, 25.11.2011, S. 7, 17.
http://www.bundesnetzagentur.de/SharedDocs/Downloads/DE/BNetzA/Presse/Berichte/2011/MonitoringBericht2011.pdf?__blob=publicationFile [21. 5. 2012].

Aber: In „Süddeutschland [übersteigen] die erwarteten Rückbauzahlen dargebotsunabhängiger Kraftwerke deutlich die aktuellen Plandaten für die Zubauten."
Die Folge: „Gegenüber der Situation vor dem Kraftwerksmoratorium der Bundesregierung bleibt die Lage in Süddeutschland auch nach Fertigstellung der derzeit im Bau befindlichen größeren Kraftwerksprojekte ernst und risikobehafteter als vorher."

- „Wie die [...] Daten zeigen, wird sich die Erzeugungssituation in Süddeutschland 2012 voraussichtlich nicht signifikant verändern. Demnach ist davon auszugehen, dass im Winter 2012/13 eine zum Winter 2011/12 vergleichbare Erzeugungssituation vorliegen wird". Die Erzeugungssituation in Süddeutschland bleibe auch nach Fertigstellung zweier Steinkohlekraftwerke angespannt (siehe auch Kap. 9).

- „[D]ie im Monitoring 2010 bereits festgestellten Verzögerungen bei einer Reihe von [d. h. 11 größeren] Kraftwerksprojekten [haben sich] 2011 noch einmal vergrößert. Zudem reduzierte sich das Gesamtvolumen von dargebotsunabhängigen Kraftwerksprojekten innerhalb eines Jahres um 18 Prozent bzw. rund 7.300 MW."

Die Zahlen für Süddeutschland (Kraftwerke Frankfurt am Main und südlicher) aus dem Monitoringbericht:

2011: Steinkohle: keine Änderung
Erdgas: + 684 MW
Kernkraft: - 4.947 MW
Saldo 2011: **Abnahme um 4.263 MW**

2012: Steinkohle: - 293 MW
Erdgas: + 92 MW
Saldo 2012: **Abnahme um 201 MW**

2013: Steinkohle: + 847 MW
Erdgas: +/- 0
Saldo 2013: **Zunahme um 847 MW**

2014: Steinkohle: + 845 MW/ -406 MW

	Erdgas:	+/- 0
	Saldo 2013:	**Zunahme um 439 MW.**
2014-2020:	Kernkraft:	- 3.961 MW
	Steinkohle:	- 655 MW
	Weitere:	- 114 MW
	Saldo 2014-2020:	**Abnahme um 4.713 MW**
2021-2022:	Kernkraft:	- 4.008 MW
	Saldo 2021-2022:	**Abnahme um 4.008 MW**

Diese geschätzten Zahlen enthalten ab 2014 die weiteren, noch stillzulegenden Kernkraftwerke in Süddeutschland:

- Grafenrheinfeld – 1.275 MW, zum 31. Dezember 2015
- Grundremmingen B – 1.284 MW, zum 31. Dezember 2017
- Philippsburg 2 – 1.402 MW, zum 31. Dezember 2019
- Grundremmingen C – 1.288 MW, zum 31. Dezember 2021
- Neckar II – 1.310 MW, zum 31. Dezember 2022
- Isar 2 – 1.410 MW, zum 31. Dezember 2022.

Diese Stilllegungen würden ein zusätzliches, heute noch nicht einmal geplantes Kohlekraftwerks-Neubauprogramm erfordern. Weshalb es bereits heute große Schwierigkeiten beim Erreichen der heutigen Neubaupläne gibt, wird unten erläutert.

Betrachtet man die Art der heute im Bau befindlichen und derzeit geplanten neuen Kraftwerke, so kann man dem Monitoringbericht entnehmen, dass von den im Bau befindlichen Kraftwerken 82 Prozent der Kraftwerksleistung durch Kohlekraftwerke und nur 18 Prozent durch Erdgaskraftwerke erbracht werden. Ende 2013 sollen dann insgesamt 73 Prozent der Neubaukapazität neue Kohlekraftwerke und 27 Prozent Gaskraftwerke sein. Hier musste die Regierung sämtliche Bekenntnisse zum sogenannten Klimaschutz über Bord werfen, denn es ist eine Binsenweisheit der Kraftwerkswirtschaft: Wenn man kaum Wasserkraft hat und dann auch noch seine

Kernkraftwerke abschaltet, dann muss man eben Kohlekraftwerke bauen. Es sei denn, man hat sehr billiges Erdgas oder Erdöl. Beides haben wir nicht.

Diese Neubauaktivität und die Neubauplanung fossil gefeuerter Kraftwerke zeigt deshalb sehr klar – abseits von allen Sonntagsreden – die Wirklichkeit der Energiewende: Die gesamte stillgelegte Erzeugungskapazität der deutschen Kernkraft muss durch Kohle und Gaskraftwerke ersetzt werden, die allein eine sichere Grundlasterzeugung bieten, wie sie von der Industrie und von den Verbrauchern benötigt wird – egal, wie viel Wind- oder Solarstromanlagen am Netz hängen.

Wenn Wind und Sonne dann Strom liefern, müssen die Kohle- und Gaskraftwerke heruntergefahren, aber natürlich nicht abgeschaltet werden, da sie in kurzer Zeit wieder benötigt werden könnten. Das macht sie unrentabel, weshalb die Investoren mit Recht kein Interesse mehr an Neubauten haben: Ein Teufelskreis.

Die Einsparung von Kohle bzw. Erdgas während dieser Leerlaufperioden ist verständlicherweise gering, weshalb auch der positive Effekt des Wind- und Solarstroms für die Umwelt ebenso gering ist. Dieses System mit vielen Milliarden Euro der Stromverbraucher aufzubauen war daher eine gigantische Fehleinschätzung – eine Mischung aus Unwissenheit und Ideologie.

Die beste Lösung wäre deshalb, einfach alle Wind- und Solarstromanlagen abzuschalten. Aber dann hätte man ja keine Energiewende mehr.

Die Gewissheit, dass die Kernkraftabschaltung exakt die beschriebenen „fossilen Konsequenzen" haben musste, bestand in der Energiewirtschaft von Anfang an – und die hier präsentierte Neubautätigkeit und -Planung zeigt, dass es auch genau so geschieht. Diese Planung geschieht aber nicht etwa hinter dem Rücken der Bundesregierung, diese ist vielmehr die planende und treibende Kraft hinter dieser Entwicklung. Soviel zur Ehrlichkeit in der Energiepolitik.

Aus dem Monitoringbericht könnte man schließen, dass etwa Ende 2014 das von der Abschaltung der acht Kernkraftwerke gerissene Versorgungsloch – wenn alles gut geht – wieder aufgefüllt sein wird. Wie es dann nach dem Abschalten der übrigen Kernkraftwerke weitergehen soll, wird nicht behandelt. Eine neue große Kohlekraftwerks-Neubauaktion wäre dann fällig.

Aber auch die bis 2014 präsentierten Zahlen täuschen aus drei Gründen:

Grund Nr.1: Die vorgestellten Planzahlen sind möglicherweise zu optimistisch. Die Bundesnetzagentur führt dazu in ihrem Bericht (S. 15) folgendes aus: „Derzeit befinden sich bundesweit ca. 12.900 MW dargebotsunabhängige [Kohle, Gas, Biomasse] Kraftwerkskapazitäten in Bau, die voraussichtlich bis 2014 fertig gestellt sein werden. Hier gibt es jedoch Unwägbarkeiten wie die Kesselproblematik. So führt der Einsatz von Kesseln mit der neuartigen, hochtemperaturbeständigen und druckfesten Stahllegierung T24 (7 CrMo VTiB 10 10) zu technischen Problemen.

Bei mehreren im Bau befindlichen Kohlekraftwerken hat dies bereits zu Verzögerungen bei der geplanten Inbetriebnahme geführt.

Von den insgesamt im Bau befindlichen Kraftwerksprojekten haben 18 Projekte mit insgesamt 12.300 MW eine Kapazität von jeweils mindestens 100 MW. Gegenüber den Daten aus dem Monitoring 2010 lassen sich davon für elf Projekte Verzögerungen bei dem geplanten Zeitpunkt der kommerziellen Inbetriebnahme feststellen. Bei sechs Projekten (5.000 MW) beträgt die Verzögerung ein Jahr, bei vier Projekten (2.900 MW) zwei Jahre und bei einem Projekt (1.100 MW) drei Jahre. Die bereits im Monitoring 2010 festgestellten Verzögerungen [...] haben sich damit gemäß der Monitoringdaten 2011 noch einmal vergrößert. Zudem ist das Gesamtvolumen der Investitionsvorhaben bei diesen Kraftwerken rückläufig. So reduzierte sich das Gesamtvolumen innerhalb eines Jahres um knapp 18 Prozent bzw. rund 7.300 MW."

Grund Nr.2: Die Situation in Süddeutschland (siehe oben).

Grund Nr.3: Gegen den Bau neuer Kohlekraftwerke gibt es ebenso wie gegen neue Hochspannungstrassen massiven Widerstand durch Umweltverbände[60] und Bürgerinitiativen – siehe unten sowie Kapitel 14. Dass diese in den Prognosen der Bundesnetzagentur

---

[60] BUND fordert das Aus der Meiler in Lünen und Datteln. Verzögerungen in Walsum und Krefeld, dpa-Meldung, 29.12.2011.

und des BDEW ersichtliche bedenkliche Kapazitätslücke künftig entstehen und auch aus heutiger Sicht nicht geschlossen werden kann, liegt an dem schon in zahlreichen Berichten erläuterten sehr plausiblen Desinteresse der potenziellen Investoren an neuen Kohle- und Gaskraftwerken.

Auch für dieses Desinteresse gibt es gute Gründe: Die stetig ansteigende gesetzlich vorgeschriebene Zwangseinspeisung von stark schwankendem Wind- und Solarstrom in die Netze zwingt konventionelle Kraftwerke zu immer häufigerem Herauf- und Herunterfahren ihrer Leistung. Eben das wünscht sich die Regierung zum Ausgleich dieser Schwankungen – aber eben das senkt die Betriebsstunden der Kraftwerke, verhindert ihr gleichmäßiges Fahren mit konstanter Leistung und erhöht den Verschleiß. Es wird weitaus weniger Strom erzeugt und verkauft, als es die Anlagen erlauben: Sie sind dann unrentabel, weshalb es keinen Sinn macht, sie zu bauen.

Dazu schreibt der BDEW in seinem Gutachten „Flexibilisierung" vom 11. Oktober 11 mit erstaunlicher Offenheit: „2020 [werden] noch immer 80 Prozent der heutigen konventionellen Kraftwerke benötigt [...]. Diese Kraftwerke werden als Back-up-Systeme bei unzureichender Erzeugung von EE-Strom [d. h. Strom aus „Erneuerbaren"] vorgehalten.

Sie weisen jedoch eine gegenüber der heutigen Situation um durchschnittlich 40 Prozent geringere Auslastung auf. Ein wirtschaftlicher Betrieb wäre unter den gegebenen Rahmenbedingungen **nicht gesichert bzw. benötigt entsprechende Preisspitzen.**

Ein marktgetriebener inländischer Ausbau der technisch erforderlichen Kraftwerkskapazitäten zur Gewährleistung der Versorgungssicherheit ist unter den aktuellen Rahmenbedingungen nicht gesichert. Er erfordert langfristig wirksame und marktbasierte Anreize, die von der Politik zugelassen werden müssen".[61]

Damit ist **eine weitere Subventionsaktion** angekündigt – und sie wird kommen, wie Minister Röslers Bemerkung bereits andeutet (s. o.) – denn sie passt sich logisch in die verhängnisvolle Kette von Fehlentscheidungen ein, die beginnend mit der grundsätzlichen Fehlentscheidung, die das Erneuerbare-Energien-Gesetz darstellt, in

---

[61] BDEW: Gutachten Flexibilisierung, wie Fn. 15, S. 10. Hervorhebungen hinzugefügt.

einer immer weiter gehenden Reihe schädlicher und stets teurer Reparaturmaßnahmen den eingeschlagenen Irrweg ohne Rücksicht auf Verluste fortsetzen.

Selbstverständlich würden auch diese Subventionen – hier liebevoll „Preisspitzen" und „Anreize" genannt – wiederum allein den Stromverbrauchern aufgebürdet. Weiteres dazu im Kapitel 16 mit der Auflistung der Ursachen für weitere Strompreis-Steigerungen. Auch im Kapitel 12 über die Energie-Planwirtschaft haben diese Überlegungen ihren passenden Platz gefunden.

Ein weiterer Grund, die von der Regierung geschätzten – und besonders gut regelbaren – Gaskraftwerke gerade nicht zu bauen, liegt in den sehr hohen Gaspreisen und den langfristigen Lieferverträgen, die diese Preise zementieren. Derartige Investitionen sind daher noch unattraktiver als solche in neue Kohlekraftwerke.

Aber nicht nur Investoren zögern beim Neubau fossiler Kraftwerke: Mindestens ebenso wirksam ist der Widerstand von Umweltverbänden und Bürgerinitiativen. Allein in NRW sind drei Neubauprojekte gestoppt bzw. verzögert: Das EON-Kraftwerk Datteln wurde vom NRW-Oberverwaltungsgericht gestoppt, ebenfalls das Trianel-Kraftwerk Lühen; für beide fordert der Bund für Umwelt und Naturschutz das Ende. Das Trianel-Steinkohlekraftwerk Krefeld wurde nach heftigen Protesten der Umweltschützer aufgegeben – eventuell wird stattdessen innerhalb von sechs Jahren ein Gaskraftwerk gebaut. Und der neue Block 10 des STEAG-Kraftwerks Walsum wird wegen technischer Probleme erst drei Jahre später ans Netz gehen.

In Planung befinden sich laut BDEW Kohlekraftwerke mit rund 12.000 MW. „Projekte mit noch einmal dieser Leistung wurden in den letzten Jahren vor allem wegen öffentlicher Proteste aufgegeben". Das heißt: „Der notwendige Investitionsbedarf ist bei weitem nicht durch die Planungen gedeckt." So jedenfalls Professor Michael Hüther vom Institut der deutschen Wirtschaft Köln am 16. März 2011 im Handelsblatt.

10. Die Stromnetze werden an die Grenzen ihrer Belastbarkeit getrieben

Bereits vor dem Kernenergie-Moratorium, dem dann die permanente Abschaltung der 7+1 Kernkraftwerke und schließlich noch das Gesetzespaket der Energiewende folgte, hatte die rot-grüne und die schwarz-gelbe Regierung mit dem EEG eine stetig zunehmende Belastung und Destabilisierung des elektrischen Übertragungs- und Versorgungsnetzes verursacht. Mit der KKW-Abschaltung wurde dann dem Versorgungssystem ein besonders schwerer Schlag versetzt, der es an das Limit seiner Leistungsfähigkeit und Stabilität brachte.

Die rechtzeitigen Warnungen der Bundesnetzagentur ließen an Deutlichkeit nichts zu wünschen übrig: Bereits in ihrem kurz vor der KKW-Abschaltung veröffentlichten jährlichen Routine-Bericht „Bericht zur Auswertung der Netzzustands- und Netzausbauberichte der deutschen Elektrizitätsübertragungsnetzbetreiber"[62] vom 14. März 2011 hatte sie wichtige Informationen zum bereits damals unbefriedigenden Zustand des Netzes veröffentlicht: Die Netzagentur warnte darin, dass die deutschen Stromnetze „derzeit am Rande der Belastbarkeit beansprucht" werden. Dies sei die direkte Folge massiver Verzögerungen beim Bau neuer Stromleitungen, so die Behör-

---

[62] Bundesnetzagentur: Bericht zur Auswertung der Netzzustands- und Netzausbauberichte der deutschen Elektrizitätsübertragungsbetreiber, 14.3.2011, www.bundesnetzagentur.de/.

de. Nur durch massive Investitionen auf allen Ebenen des Netzausbaus könne das hohe Niveau der Versorgungssicherheit in Deutschland auch weiterhin gewährleistet werden.

Diese Berichte „der ÜNB zeigen dabei einen Investitionsbedarf in ganz erheblichem Umfang auf. Die Gründe [...] liegen vor allem in der Integration erneuerbarer Energien – sowohl Onshore- wie auch Offshore-Windenergie und Photovoltaik – verbunden mit der gesetzlich vorgegebenen Anschluß- und Abnahmepflicht [gemäß EEG]. [...] Die Bundesnetzagentur konstatiert erhebliche Verzögerungen bei der Realisierung von Netzausbauvorhaben der ÜNB. Gründe hierfür liegen überwiegend in den langwierigen Raumordnungs- und Planfeststellungsverfahren und einer fehlenden Akzeptanz in der Bevölkerung" (siehe auch Kap. 14).[63]

- Die Hälfte von 24 besonders wichtigen Ausbauprojekten, die im August 2009 als vordringlich eingestuft wurden, verzögere sich.
- Der Zeitverzug bei diesen 12 Projekten liege zwischen einem und vier Jahren.
- Erst 214 km von insgesamt 1807 km seien bislang fertiggestellt.

Dieser Bericht lag somit der Regierung und den Parlamentariern bereits zu Beginn der Kernkraft-Abschaltungsdebatte vor und seine Aussagen wurden durch die folgenden Berichte vom 11. April 2011 und vom 27. Mai 2011 noch wesentlich verschärft – sämtlich vor dem Kabinettsbeschluss zum Energiewende-Gesetzespaket und natürlich auch vor dem Inkrafttreten dieser Gesetze.

Liest man die „Fortschreibung des Berichts der Bundesnetzagentur zu den Auswirkungen des Kernkraftwerks-Moratoriums auf die Übertragungsnetze und die Versorgungssicherheit" vom 27. Mai 2011[64], dann kann man die sträfliche Leichtfertigkeit, mit der die Regierung und dann das Parlament die Gesetze zur Energiewende beschlossen haben, nicht fassen. Bereits der erste Bericht zum Moratorium vom 11. April 2011[65] enthielt massive Kritik an der Ab-

---

[63] Ebd., S. 7. ÜNB: Übertragunsnetzbetreiber.
[64] Vgl. Fortschreibung des Berichts der Bundesnetzagentur, wie Fn. 17.
[65] Vgl. Bundesnetzagentur: Auswirkungen des Kernkraft-Moratoriums auf die Übertragungsnetze und die Versorgungssicherheit, Bericht an das BM Wirtschaft und Technologie, 11. 4. 2011, www.bundesnetzagentur.de.

schaltung der Kernkraftwerke (7+1) und eindrucksvolle Erklärungen zu den unvermeidlichen schädlichen Auswirkungen.

Regierung und Parlamentarier hatten selbst nach der Veröffentlichung des Fortschreibungsberichts noch vier Wochen Zeit bis zu ihrer überhasteten Vorlage der Gesetzentwürfe an den Bundesrat am 24. Juni.; und dann verblieb immer noch genügend Zeit bis zu dem Tag, an dem der Bundestag diese Gesetze beschloss – das war der 8. Juli 2011.

Niemand kann also behaupten, er hätte die massiven Warnungen der Bundesnetzagentur nicht rechtzeitig gekannt. Die Wahrheit ist daher, dass sowohl Regierung als auch die Abgeordneten diese Berichte kannten – und bewusst dagegen handelten. So wie sie auch den Bericht der Reaktorsicherheitskommission kannten, der den deutschen Kernkraftwerken eine hohe Sicherheit bescheinigte.

Sie folgten stattdessen den Empfehlungen der Ethikkommission.

Man wusste beizeiten, was kommen würde. Die von der Bundesnetzagentur am 27. Mai 2011 präsentierten Feststellungen und Voraussagen werden hier zusammengefasst:

- „Die historisch einmalige zeitgleiche Abschaltung von 5.000 MW Leistung und das längerfristige Fehlen von 8.500 MW Leistung **bringen die Netze an den Rand ihrer Belastbarkeit.**"

- „Die Übertragungsnetzbetreiber sind daher gezwungen, das Marktergebnis durch gesteigerten Einsatz ihrer Handlungsinstrumente [...] und andere Eingriffe in den Kraftwerkseinsatz [...] zu korrigieren. [...] Damit wird das eigentlich anzustrebende, wettbewerblich strukturierte Marktergebnis durch einen mehr oder weniger zentral gesteuerten planerischen Ansatz ersetzt [siehe auch Kapitel 4 und 12]. **Das ist energiewirtschaftlich zweifelhaft, ökonomisch ineffizient und ökologisch schädlich.** [...] Das erhebliche netztechnische Problem, das mit dieser Marktkorrektur verbunden ist, **besteht darin, dass das genannte Maßnahmenpaket eigentlich für Ausnahmesituationen wie Ausfälle von Kraftwerken oder Leitungen gedacht ist, nunmehr aber oft bereits für den Normalfall eines intakten Netzes nahezu vollständig ausgeschöpft wird und damit bei zusätzlichen unerwarteten Notfällen nicht mehr zur Verfügung steht. Damit steigt das Risiko der Nichtbeherrschbarkeit von Störungsfällen im Netz deutlich an."

- Weiterhin gelte die „Aussage, **dass sich das Risiko im Winterhalbjahr** bei der dann typischerweise höheren Netzbelastung durch höhere Stromnachfrage sowohl im Inland wie im Ausland und der signifikant niedrigeren Photovoltaikerzeugung **nochmals deutlich erhöht.**"

- „Das Einspeiseverhalten aus [Photovoltaik-]Anlagen und Windenergie im Zeitraum vom 11.03. bis 08.05.2011 [...] verdeutlichen das enorme Potential zur Lastdeckung, das erneuerbare Energien schon heute haben. **In der Spitze erreicht dies bis zu 28 GW [...].**
  Die Grafiken verdeutlichen allerdings auch, dass diese Leistung nicht gesichert zur Verfügung steht, sondern regelmäßig auch völlig entfällt."
  Diese Einspeisungsschwankungen sind tatsächlich noch größer: Ende November 2011 teilte der Leiter Politik und Märkte bei der RWE Innogy Holger Gassner mit, dass allein im ersten Halbjahr 2011 enorme Schwankungen der verfügbaren Windkraftkapazitäten von 23.000 MW und der Photovoltaikleistung von 13.000 MW beobachtet wurden.

- **„Der fluktuierenden Einspeisung stehen derzeit und mittelfristig keine auch nur annähernd ausreichenden Speicherkapazitäten gegenüber"**, so der Fortschreibungsbericht weiter. Gegenwärtig sind in Deutschland Pumpspeicher mit einer Leistung von etwa 7 GW und Entladezeiten von einigen Stunden in Betrieb [...]. Die gesamte verfügbare Speicherkapazität beträgt derzeit etwa 40 GWh. Zum Vergleich: Im Mai 2011 betrug der Stromverbrauch im Schnitt an einem Tag rund 1.440 GWh [also das 36-fache]."

- „Die Erwartung einer stärkeren Belastung durch die Abschaltung der 7+1 Kernkraftwerke der Nord-Süd- und der Ost-West-Trassen in Gestalt verstärkter Lastflüsse im Übertragungsnetz hat sich bestätigt. **Insbesondere in Zeiten von Starkwind werden häufiger Sicherheitseingriffe [...] erforderlich.**"

- „Die veränderte Netzbelastung durch die Abschaltung der 7+1 Kernkraftwerke hat bereits zu **Verzögerungen bei geplanten Wartungs- und Instandhaltungsarbeiten im Übertragungsnetz** geführt, da viele Arbeiten nur bei wenig oder unbelasteten Netzen durchgeführt werden können [...]. Mit weiteren Verzögerungen muss gerechnet werden [...]. Bedingt durch die höhere Netzlast ist auch bei Netzausbaumaßnahmen mit Verzögerungen zu rechnen. **Es ergibt sich die paradoxe Situation, dass durch das Moratorium ein Mehr an Transportkapazitäten erforderlich wird und gleichzeitig Netzumbau- oder Netzverstärkungsmaßnahmen aufgrund der erhöhten Netzbelastung nicht mehr wie geplant durchgeführt werden können.**"

- „Durch das Moratorium entstehen sowohl in der Rhein-Main- und in der Rhein-Neckar-Region als auch im Raum Hamburg große Probleme bei der Spannungshaltung".

- „Auch nach wiederholter Analyse besteht sowohl im Sommer 2011 als auch im Winterhalbjahr 2011/12 in kritischen Last-/Erzeugungssituationen **gerade noch ein ausreichendes** erzeugungsseitiges Versorgungssicherheitsniveau. [...] Ein etwaiger Puffer für zusätzliche Stilllegung von Kraftwerkskapazitäten besteht nicht."

- „Es ist sinnvoll, Kraftwerke aus der Kaltreserve zurückzuholen und wieder in einen kurzfristig einsatzfähigen Zustand zu versetzen." Das wären natürlich in erster Linie die hier nicht gemeinten abgeschalteten Kernkraftwerke – technisch problemlos, politisch undenkbar.

- „Die Übertragungsnetzbetreiber haben [...] bestimmte besonders risikobehaftete Szenarien [...] durchgerechnet. Zu diesen Szenarien zählen:

    a) der Fall eines Starklast-Tages im Sommerhalbjahr, bei dem zusätzlich zum Moratorium eine Vielzahl von Kraftwerken wegen Revision nicht am Netz ist,

    b) der Fall eines Starklast-/Starkwind-Tages im Winterhalbjahr,

- c) der Fall eines Starklast-Tages mit sehr geringer EEG-Einspeisung im Winterhalbjahr und
- d) der Fall eines Starklast-Tages mit sehr geringer Einspeisung im Winterhalbjahr verbunden mit dem Ausfall einer hoch belasteten Nord-Süd-Leitung.

- **Diese Szenarien sind für das Netz äußerst kritisch.** Die Szenarien a) und b) erscheinen [...] gerade noch beherrschbar. **Die Szenarien c) und d) sind nach derzeitiger Kenntnislage die kritischsten** und bedürfen daher der intensiven weiteren Prüfung und möglicherweise weitergehender [...] Maßnahmen [...]."

- **Im Falle d)** bleibe die Lage „riskant, da bei einem möglichen Hinzutreten weiterer Umstände (Kraftwerksausfall oder Ausfall eines weiteren Betriebsmittels) eine **Leitungsbelastung von 140 Prozent und mehr aufträte, die wegen des kaskadenartigen automatischen Auslösens der Schutzeinrichtungen nicht mehr beherrschbar wäre.**"

- Mehrfach wird auch auf die Beeinflussung der Netze der Nachbarländer durch die auf deutscher Seite ergriffenen Maßnahmen kritisch eingegangen. Diese Passagen werden im Kapitel 15 zitiert.

Ende November 2011 legte dann die Bundesnetzagentur ihren „Monitoringbericht 2011" vor, der zahlreiche weitere bemerkenswerte Aussagen enthielt[66]:

- „Insgesamt konnte festgestellt werden, dass die derzeitige Situation im Netzbereich zwar beherrschbar ist, jedoch geht sie mit einer erhöhten Eingriffshäufigkeit der Netzbetreiber in den Systembetrieb einher. Nach wie vor ist die Netzinfrastruktur im Elektrizitätsbetrieb jedoch sicher und stabil." Anmerkung: Diese Aussage geschah kurz vor den äußerst kritischen Situationen in den darauf folgenden Winterwochen.

---

[66] Wie Fn. 59, Hervorhebungen hinzugefügt.

- „Das [...] hohe Niveau der Versorgungssicherheit mit Elektrizität kann zukünftig nur durch massive Investitionen **auf allen Netzebenen** gewährleistet werden."
- „Das Energieleitungsausbaugesetz EnLAG benennt 24 Projekte, die vorrangig zu realisieren sind. Zwei dieser Projekte wurden fertig gestellt. Bei 12 der 24 EnlAG-Projekte sind deutliche Verzögerungen im Genehmigungs- und Realisierungsplan zu beobachten, so dass die jeweils vorgesehene Inbetriebnahme teilweise um mehrere Jahre überschritten wird.
- Etwa 214 km von 1807 km an **neu zu errichtenden Trassen** sind bislang fertig gestellt".
- Von 149 insgesamt bis 2014 vorgesehenen **Ausbau**maßnahmen (Anm.: an existierenden Trassen) unterläge Mitte 2011 die Hälfte – d.h.73 Projekte – Verzögerungen. Dementsprechend dokumentierten auch die gemeldeten Investitionsdaten „erneut die erheblich hinter den Planungen zurückbleibende Realisierung von Neu- bzw. Ausbauvorhaben der Übertragungsnetze (Anm.: der Höchstspannungsnetze)".
- Gründe für die Verzögerungen seien: „Verzögerungen im behördliche Genehmigungsverfahren – beispielsweise **auf Grund von Widerstand der lokalen Bevölkerung;** Klagen gegen Planfeststellungsbeschlüsse; Lieferengpässe, technische Gründe".
- Zu den Verteilernetz-Betreibern: Diese hätten „die Option, auch EEG-Anlagen herunterzuregeln, wenn die Erzeugung aus erneuerbarer Energie vom Netzbetreiber nicht abgenommen werden kann, weil kein konventionelles Kraftwerk mehr zum Ausgleich heruntergeregelt werden kann". „Im Jahr 2010 ist die durch das Herunterregeln entstandene Ausfallarbeit von EEG-Anlagen im Vergleich zum Jahr 2009 insgesamt um über 70 Prozent angewachsen. **Dies zeigt die weiter steigenden Herausforderungen, denen die Netze** [Anm.: alle Netzebenen] im Hinblick auf den rasanten Zuwachs der erneuerbaren Energien **bereits jetzt, insbesondere aber in den nächsten Jahren, ausgesetzt sein werden**".

- Die Kommentierung der Strompreisentwicklung durch die Bundesnetzagentur wird im Kapitel 16 zitiert.

Die Politik entdeckt das regionale Verbundnetz
Bereits lange vor dem Abschalten der 7+1 KKW hatten sich die Probleme aufgetürmt: Mit den nicht vom Markt, sondern durch die Zwangssubvention des EEG kräftig wachsenden Installationen von Windrädern und Photovoltaikanlagen entstanden zwei Probleme, die die Große Koalition überhaupt nicht und die Schwarz-Gelbe Regierung erst nach massiven Warnungen der Netzbetreiber ernst nahmen:

Problem 1: Zum einen bemerkte man schließlich, dass der größere Teil der Windstromanlagen in Norddeutschland liegt, wo man aber deren Strom nicht brauchen kann. Anders in Süddeutschland, wo es nach der Abschaltung mehrerer der dortigen Kernkraftwerke durchaus einen Bedarf gäbe – wenn es dafür ausreichend dimensionierte Nord-Süd-Höchstspannungsleitungen gäbe. Was nicht der Fall ist.

Problem 2: Zum anderen bemerkte man bis zum Oktober 2011 nicht, dass es auch noch ein zweites gravierendes Netzproblem gibt: Im weitaus größeren regionalen Verteilungsnetz, das technisch nur für die Versorgung der Abnehmer, keineswegs aber für die stark schwankende Stromaufnahme aus vielen dezentralen Windparks und Photovoltaikanlagen (s. u.) und die Weiterleitung dieses Stroms in das Höchstspannungsnetz ausgelegt ist.[67]

Zu Problem 1: Für eine bessere Abnahme des Windstroms wünscht die Regierung bereits bis 2020 den Bau von 3000 km neuen Höchstspannungsleitungen von Nord- nach Süddeutschland. Der ehemalige Wirtschaftsminister Brüderle legte am 21. März 2011 „Eckpunkte für den Stromnetzausbau" vor: „Es würden etwa 3.600 km neue Leitungen benötigt."

Die Deutsche Energie-Agentur Dena rechnet jedoch mit erforderlichen 4.450 km an zusätzlichen Höchstspannungsleitungen und die parlamentarische Staatssekretärin im BMU, Katherina Reiche, nann-

---

[67] Vgl. BDEW: Abschätzung des Ausbaubedarfs in deutschen Verteilungsnetzen aufgrund von Photovoltaik- und Windeinspeisungen bis 2020, Gutachten von E-Bridge Consulting und IAEW, 30.3.2011, www.bdew.de.

te kürzlich 4200 km. Weil die abgeschalteten Kernkraftwerke zuvor ganz wesentlich zur Stabilisierung des Netzes beigetragen hatten, das mit der schwankenden Ökostromproduktion zu kämpfen hat, – sie können Leistungsschwankungen am schnellsten von allen Kraftwerken durch massives Gegensteuern ausgleichen (das sogenannte Lastfolgemanagement) – mussten zuletzt immer häufiger Windparks zwangsweise abgeschaltet werden. Allein 2010 gingen dadurch ca. 150 Millionen kWh verloren.

Auch die Anbindung der neuen Offshore-Windparks an das Netz an Land gerät in Turbulenzen: Soeben warnte der Netzbetreiber Tennet, der in Norddeutschland das E.ON-Stromnetz übernahm, die Bundesregierung in einem Brandbrief vor Engpässen (siehe Kap. 6).

Wie die Bürger auf die Aussicht auf den geplanten massiven Ausbau der Hochspannungstrassen reagieren, wird in Kap. 14 näher beschrieben. Der bremsende Einfluss der vielen Bürgerinitiativen wird von den Netzbetreibern jedenfalls als noch ernster betrachtet, als die langen Genehmigungszeiträume.

Aber auch einer eingespielten Maschinerie für die Illumination des Bildes einer vollkommen auf „erneuerbaren" Energiequellen beruhenden Zukunft passiert hin und wieder ein Fehler – bzw. kommt versehentlich ein Stückchen Wahrheit ans Licht: Das Bundesumweltministerium BMU hat am 3. Mai 2011 den „Entwurf des Erfahrungsberichts 2011 zum Erneuerbare-Energien-Gesetz" veröffentlicht. In diesem stehen auf Seite 38 und 39 bemerkenswerte, fast resignierende Sätze: „Es muss davon ausgegangen werden, dass der Netzausbau auch künftig nicht in dem erforderlichen Maß vorankommen wird." Im oben erwähnten Fortschreibungsbericht der Bundesnetzagentur kann man die Gründe nachlesen.

Weiter heißt es: „Obwohl sich die betroffenen Netzbetreiber bemühten, die bestehenden Netzengpässe im Verteilnetz zu überwinden, stieg die durch das Einspeisemanagement abgeregelte Strommenge [d. h., die abgelehnte Grünstrom-Aufnahme ins Netz] aus Windenergieanlagen von 2004 bis 2009 auf das 7-fache an. Einzelne Netzausbaumaßnahmen an kritischen Stellen im Netz könnten große Wirkung entfalten und diesen Trend abschwächen. Dennoch dürfte das Einspeisemanagement mit zunehmendem Ausbau der erneuerbaren Energien weiter an Bedeutung gewinnen, **weil es zunehmend zu Netzengpässen kommen wird."**

Zu Problem 2: Wie im Kapitel 6 über Solarstrom beschrieben, treten Netzprobleme keineswegs nur im Hochspannungsnetz auf, das mit dem Transport der Windstrom-Schwankungen nicht fertig wird, sondern sie zeigen sich zunehmend auch in den unteren Spannungsebenen. Dafür sind die immer zahlreicher werdenden Photovoltaikanlagen, insbesondere Solarparks, aber auch Windparks im Binnenland verantwortlich, die mit ihren wetterabhängigen Schwankungen das nicht für Tausende von Stromeinspeisern ausgelegte regionale Netz in Schwierigkeiten bringen.[68]

Man kämpft jetzt mit dem „50,2 Hertz-Problem", der abrupten, massenhaften Selbstabschaltung der Photovoltaikanlagen bei Netzüberlastung durch zu hohe Einspeisung. Diese Sicherheitseinrichtung ist vorgeschrieben und sehr vernünftig. Nur hat die Regierung übersehen, dass sie sich damit ein neues Problem einhandelt, wenn eine riesige Anzahl von PV-Anlagen, mit der kein vernünftiger Mensch im sonnenarmen Deutschland je rechnen konnte, das gleichzeitig tut.

Die nun notwendige technische Nachrüstung aller PV-Anlagen mit automatischen Meß- und Abschaltgeräten sowie die mit Gewissheit auch hier künftig praktizierte Entschädigung der PV-Betreiber für den nicht gelieferten Strom würde wohl unweigerlich wieder den Stromverbrauchern aufgebürdet werden.

Als notwendige Abhilfe gilt deshalb der Ausbau nicht nur der höchsten, sondern auch der unteren Spannungsebenen mit ihren Netzen und der Einsatz von Ortsnetztransformatoren.

Dazu gab es endlich auch eine Zahl – und zwar eine sehr hohe: Katherina Reiche, parlamentarische Staatssekretärin im BMU, erklärte Ende November 2011 auf einem VDI-Kongress, dass das Netz „massiv umgebaut" werden müsse. „Beim Höchstspannungsnetz seien 4200 km, **bei den Verteilnetzen 200.000 km** in moderner Netztechnik nötig."

Sie reagierte damit vermutlich auf eine im Auftrag des Bundesverbandes Windenergie angefertigte Studie der Ecofys Germany

---

[68] Ebd.

GmbH, in der ein folgenschwerer Satz steht (eigene Ergänzungen in Klammern): „Die Ausfallarbeit durch Abregelung [d.h. Abschalten der Wind- und Solarstrom-Einspeiser] aufgrund von Netzengpässen im Übertragungsnetz [Höchstspannungsnetz mit 380 oder 220 Kilovolt; Länge 35.000 km] ist bislang noch wesentlich kleiner als die Ausfallarbeit aufgrund von Netzengpässen im [1,7 Millionen km großen] regionalen Verbundnetz."

Das Hauptproblem für die Netzstabilität liegt also bei den sehr viel größeren Verteilnetzen: Diese bestehen aus dem regionalen Hochspannungsnetz HV (100 oder 60 kV mit 77.000 km); dem Mittelspannungsnetz MS (30 bis 3 kV mit 500.000 km) und dem Niederspannungsnetz NS (400 oder 230 Volt mit über 1 Million km) – und die zusammen sind in der Tat riesenhaft (Daten von Verivox).

Ausgerechnet im März 2011, dem Monat des Kernkraftmoratoriums, legte der BDEW ein Gutachten zum „EEG-bedingten Ausbaubedarf des Verteilungsnetzes" vor[69], in dem sowohl für das Energiekonzept 2020 der Bundesregierung vom 28. September 2010[70] als auch für das BMU-Leitszenario 2020[71] die notwendigen Ausbaumaßnahmen behandelt wurden. Erforderlich sei:

1. Nach dem Energiekonzept 2020: HS: 350 km
   MS: 55.000 km
   NS: 140.000 km
   mit Gesamtkosten zwischen 10 und 13 Mrd. Euro.

2. Nach dem BMU-Leitszenario 2020: HS: 650 km
   MS: 140.000 km
   NS: 240.000 km
   mit Gesamtkosten zwischen 21 und 27 Mrd. Euro.

Diese Ausbaukosten des Verteilungsnetzes (MS + NS) kämen somit noch zu den Ausbaukosten des Höchstspannungsnetzes (d. h. des Übertragungsnetzes) hinzu.

---

[69] Ebd.
[70] Vgl. BMWi, BMU: Energiekonzept für eine umweltschonende, zuverlässige und bezahlbare Energieversorgung, 28.9.2010, http://www.bmu.de/files/pdfs/allgemein/application/pdf/energiekonzept_bundesregierung.pdf [15. 5. 2012].
[71] BMU: Entwicklung der EEG-Vergütungen, EEG-Differenzkosten und der EEG-Umlage bis zum Jahr 2030 auf Basis eines aktualisierten EEG-Ausbaupfades („Leitszenario 2020"), Dezember 2010, www.bmu.de.

Der Verband kommunaler Unternehmen VKU forderte deshalb in einer Erklärung vom 17. November 2011 die Politik und die Regulierung auf, ihren Blick auf diese 1,7 Mio km der Stromverteilnetze zu richten und nicht nur auf die knapp 35.000 km der Höchstspannungs-Übertragungsnetze, denn mehr als 80 Prozent der Anlagen der „Erneuerbaren Energie" waren 2009 an die unteren Verteilnetze angeschlossen und haben diesen die Probleme gebracht

Der VKU rechnet für einen derartigen Ausbau und die Integration der dezentralen Energieversorgung in den Verteilnetzen mit 25 Mrd € bis 2030. Darin seien die Kosten des Umbaus zur vielseitigen Mess- und Steuerbarkeit (Smart Grids) noch nicht einmal enthalten.

Auswirkungen auf den Strompreis sind unausweichlich.

Peinlich für die Regierung: Im neuen Energieleitungsausbau-Gesetz EnLAG sind nur die Höchstspannungs-Trassen des Übertragungsnetzes vorgesehen. Es ging den Gesetzesmachern nur um die Durchleitung des Windstroms von Nord nach Süd. Die Gefährdung der Stabilität des weitaus größeren Verteilnetzes durch die vielen unkontrollierten Stromerzeuger hatte man übersehen.

Die Zuverlässigkeit der Stromversorgung verringert sich
Während die Bundesregierung – im Gegensatz zu ihrer Bundesnetzagentur – die anwachsende Bedrohung der Netzstabilität herunterspielt – Röttgen bezeichnete solche Warnungen unlängst als Horrorszenario – wächst in der Industrie eben diese Sorge. Nicht aus Freude an Horrorszenarien, sondern aus konkreten Erfahrungen im Jahre der Energiewende 2011.

Das Handelsblatt berichtete am 29. Dezember 2011 über die sinkende Qualität der Stromversorgung: „Mit der beschleunigten Energiewende kommt es bereits heute zu bedenklichen Qualitätsverlusten bei der Stromversorgung", wird Volker Schwich, der Vorstandsvorsitzende des Verbandes der Industriellen Energie- und Kraftwirtschaft (VIK) zitiert. Die Stabilität komplexer Produktionsprozesse sei bedroht – lange bevor die Allgemeinheit einen Blackout bemerkt. Kurze Unterbrechungen im Millisekundenbereich und Frequenzschwankungen führten jetzt häufiger als früher zu Problemen.

In einem Brandbrief an den Präsidenten der Bundesnetzagentur M. Kurth listet eine Tochterfirma des norwegischen Norsk-Hydro-

Konzerns, der als drittgrößter Aluminiumhersteller der Welt in Deutschland an 14 Standorten Unternehmen der Al- Primärproduktion betreibt, die Probleme aus den Instabilitäten auf. Man beobachte „seit Juli 2011 eine beunruhigende Häufung aus Netz- und Frequenzschwankungen."

In dem Schreiben werden die fünf wesentlichsten Fälle aus den vergangenen Monaten aufgelistet, die zu teuren Schäden geführt hätten. Die steigende Zahl der netzbedingten Produktionsbeeinträchtigungen sei beunruhigend. **Eine solche Häufigkeit von Zwischenfällen habe es in den vergangenen Jahrzehnten nicht gegeben.**

Die Bundesnetzagentur, die über die Netzstörungen eine Statistik führt, berücksichtigt aber nur ungeplante Unterbrechungen, die länger als drei Minuten dauern. Der sich daraus ergebende Index (SAIDI) sieht deshalb optisch gut aus.

Er berücksichtigt aber aus der Sicht der Industrie nicht die sich häufenden und wachsende Probleme verursachenden Störungen von weniger als 3 Minuten Dauer.

In der kurzen Debatte um die Energiewende war die Zuverlässigkeit der Stromversorgung ein zentrales Thema. Heinz-Peter Schlüter, der Aufsichtsratsvorsitzende und Eigentümer von Trimet-Aluminium, hatte in den Anhörungen der Ethik-Kommission „Sichere Energieversorgung" vor den unausweichlich auf die Industrie zukommenden Problemen gewarnt: Mit dem Wegfall einer zuverlässigen Stromversorgung verliere er seine Existenzgrundlage.

„Nur vier Stunden ohne Stromversorgung und die Produktionsanlagen meines Unternehmens wären irreparabel zerstört", hatte Schlüter gewarnt. Die Töpfer-Ethik-Kommission beeindruckte das nicht.

Der Winter 2011/2012: Noch einmal Glück gehabt
Die Bundesnetzagentur nannte in ihrem Fortschreibungsbericht vom 27. Mai 2011 die Region Hamburg als besonders bedroht. Dort reagierte man: Im November 2011 bereitete sich Hamburg auf die Möglichkeit eines totalen Stromausfalls im Winter 2011/2012 vor, wie WELT Online am 21. November 2011 berichtete.

Der Netzbetreiber 50Hertz arbeite an einem Notfallplan und verhandle bereits mit großen Stromverbrauchern über eine Abschaltung. Olivier Felix von 50Hertz: „Eine solche Situation kann eintreten, wenn im Winter bei Hochdrucklagen keine Windenergie erhältlich ist und zusätzlich das KKW Brokdorf unerwartet abgeschaltet werden muss." Vor nicht allzu langer Zeit gab es in dieser Region noch die KKW Stade (wird abgerissen), Brunsbüttel und Krümmel (sind stillgelegt). Deren Leistung fehlt nun.

Diese Sorge ist sehr berechtigt, wie die folgenden Meldungen zeigen: Die Stabilität des deutschen Stromnetzes konnte im Dezember 2010 zum Teil nur dank Nachbarschaftshilfe aus Österreich aufrechterhalten werden. Bereits am 8. und 9. Dezember musste der Netzbetreiber Tennet erstmals auf die von der Bundesnetzagentur für Stromengpässe festgelegte sogenannte Kaltreserve zurückgreifen. Dafür musste unter anderem ein altes Ölkraftwerk bei Graz wieder ans Netz gebracht werden. „Die Netzsituation ist nach wie vor angespannt", betonte damals ein Sprecher der Bundesnetzagentur.

Wie erwartet, trieb die Eiseskälte zu Beginn des Monats Februar 2012 den Strombedarf in Frankreich enorm in die Höhe – am 7. Februar belief er sich auf 100.500 Megawatt. Frankreich war wie in jedem Winter auf Stromimporte aus Deutschland angewiesen, was offenbar auch dieses Mal problemlos funktionierte, denn es gab zunächst nur selbstzufriedene offizielle Kommentare.

Das führte zu triumphierenden Pressemeldungen, nach denen diese Situation ein Beweis dafür wäre, dass die abgeschalteten deutschen Kernkraftwerke sowieso überflüssig gewesen seien. „Bitter für die Atomlobbyisten" sei das.

Nach Angaben der deutschen Energiekonzerne sei aber auch in Deutschland zu dieser Zeit der Strompreis auf 16 Cent/kWh angestiegen, weil sogar alte und teure Ölkraftwerke Strom produzieren mussten. „Fakt ist, dass man derzeit nur auf Sicht fährt", kommentierte RWE-Chef Großmann bereits damals.

Es dauerte fünf Wochen, bis die Wahrheit endlich ans Licht kam: Denn die Bundesnetzagentur veröffentlichte erst Mitte Februar 2012 die wahre Schreckensmeldung: Nur die Notreserven hätten im Zeitraum vom 6. Bis zum 9. Februar das Netz vor dem Blackout gerettet. „Es war sehr, sehr ernst", hieß es am 16.2 in der Aufsichtsbehörde (lt. VDI-Nachrichten vom 17. Februar).

Folgendes war demnach geschehen: Wegen der Rekord-Nachfrage nach Strom von bis zu 100.000 Megawatt in Frankreich und auch eines in Deutschland hohen Verbrauchs bei extremer Kälte schnellte der Börsen-Strompreis am Spotmarkt für kurzfristige Einkäufe in die Höhe; teils zu über 350 € für die Megawattstunde. Der Run auf die knappen Strom-Ressourcen führte dazu, dass Notreserven herangezogen werden mussten – und dieses Anzapfen der Notreserven drohte das Netz in die Nähe des Zusammenbruchs zu bringen. „Das Verlassen auf diese Regelleistung wird in der Politik und der Industrie als riskantes Vabanquespiel bezeichnet" (T. Federico, GF des Beratungsunternehmens Energy Brainpool).

Inzwischen meldete sich auch der Chef der Industriegewerkschaft Bergbau, Chemie, Energie (IG-BCE) Michael Vassiliades. Er sagte am 5. Februar 12: „Wir brauchen einen doppelten Schutz vor Preis- und Frequenz-Schwankungen im Netz, die wirtschaftlich nicht mehr tragbar sind". Alles andere sei fahrlässig (Diese Aussagen im Detail s. Kap.8).

Zur Erinnerung: Der geplante riesenhafte Ausbau des Stromnetzes ist nur eine Folge der Fehlentscheidung, die Windkraft ebenso wie die Photovoltaik so lange übermäßig durch Subventionen zu fördern, bis deren gewaltige Schwankungen und ihr unvorhersehbar auftretender Überschuss zu einer Bedrohung der Netzstabilität wurde. Ohne diese Fehlentscheidung und ohne die Abschaltung der acht Kernkraftwerke hätte das Netz weiterhin völlig ausgereicht.

Wenn unsere Nachbarländer dem Beispiel Polens, das keinen grünen Spitzenstrom mehr hereinlassen will, folgen sollten, bricht das deutsche Stromnetz durch die selbst verschuldeten Störungen, die dann nicht mehr exportiert werden können, möglicherweise bei jedem Sturmtief zusammen (Siehe Kap. 16 „Energiewende bedroht die Nachbarländer.")

Doch die Geldvernichtung im Namen der Umwelt geht weiter: Die Regierung subventioniert Wind- und Solarstrom weiterhin mit dem EEG und bekämpft anschließend mit weiteren Milliarden die eben dadurch verschärften Probleme.

11. Zukunftstechniken ohne Zukunft: Das Prinzip Hoffnung als Realitätsersatz

Ein von der Politik schon immer eingesetztes Mittel zur Stärkung der Überzeugungskraft von Plänen ist die Projektion von Verheißungen, das Versprechen von neuen Möglichkeiten, wozu sich insbesondere die Schilderung von neuen technischen Lösungen sehr gut eignet, weil hierbei die rasche Nachprüfung durch die Bürger entfällt und auch die Medien erfolgreich als Werbeträger eingesetzt werden können.

In keinem anderen Sachbereich wird von dieser Methode derart viel Gebrauch gemacht, wie bei der Energieversorgung. Und je ungewisser den Verkündern neuer Pläne die Erfolgschancen erscheinen, umso mehr arbeiten sie mit Visionen, Hoffnungen und Versprechungen.

Die am meisten benutzte Methode ist die Beschreibung von tatsächlich noch nicht fertig entwickelten Techniken als in Kürze sicher und erfolgreich einsetzbar.

Die ideologische Überbewertung der Stromerzeugung durch alle sogenannten erneuerbaren Energiequellen und die Vernachlässigung der Nutzung dieser Energiequellen für die Wärmeerzeugung führte zu einer extremen Fehlsteuerung, deren Antriebsmaschine das EEG-Gesetz ist. Eine Folge dieser einseitigen Schwerpunktsetzung ist die Förderung einer Reihe von zumeist wenig aussichtsreichen Projekten, die als Hoffnungsträger für die Verwirklichung der „ehrgeizigen" Ziele angesehen werden.

Ihre Merkmale sind:

- Verschweigen des noch verstreichenden Zeitraums bis eine ausgereifte Technik entwickelt ist; statt dessen Erwecken des Eindrucks kurzfristiger Verfügbarkeit.
- Unterschlagung wichtiger Leistungsziffern, insbesondere Wirkungsgrade bzw. Verluste sowie Kosten – z.B. die Investitionskosten pro geleistetem Kilowatt an Leistung und die Kosten einer erzeugten Kilowattstunde.
- Verschleierung der für bestimmte Techniken vergebenen Subventionen bzw. Zwangsabgaben und deren Auswirkung auf die Verbraucher.
- Drastisches Beispiel: Das erneuerbare Energien-Gesetz EEG.
- Verschweigen der damit verbundenen direkten Umweltbelastungen wie Flächenverbrauch (Biomassenutzung, Energiepflanzen), Lärmemissionen (Windräder), Feinstaubemissionen (Pelletheizungen), Gesundheitsgefahren (CO_2-Speicher), Gefährdung von Gebäuden (Geothermie), Landschaftszerschneidung (Höchstspannungs-Trassen). Ebenso auch indirekter schädlicher Auswirkungen wie Biodiversitätsverluste durch Monokulturen (Energiepflanzen), der weltweite Anstieg der Nahrungsmittelpreise durch exzessive energetische Nutzung von Feldfrüchten mit Verlust von Anbauflächen für Nahrungsmittel oder die sozialen Auswirkungen steigender Energiepreise für Menschen mit geringem Einkommen (s. Aussagen von Oettinger in Kap.2).

Eins der absurdesten Beispiele ist das Wasserstoff-Hybrid-Speicherkraftwerk, das vor kurzem in Prenzlau in Gegenwart von Ministerpräsident Michael Platzeck eingeweiht wurde.

Überschüssiger Windstrom wird darin zur Wasserstoff-Erzeugung benutzt; danach wird mit dem gespeicherten Wasserstoff in einem Gasmotor wieder Strom erzeugt, der bei Bedarf ins Netz zurück gespeist wird. Die Presse berichtete begeistert; Zahlen zum Speicher-Wirkungsgrad der Anlage und zu den Kosten einer so gespeicherten Kilowattstunde gab es bezeichnenderweise nicht.

Eine Nachrechnung ergibt: Die Umwandlung des Windkraft-Wechselstroms in Gleichstrom für die Druckelektrolyse beschert 10 Prozent Verluste; die Wasserstofferzeugung durch Elektrolyse verursacht 25 Prozent Verluste und der Gasmotor, der wieder Strom aus dem Wasserstoff erzeugt, hat 70 Prozent Verluste. Das ergibt einen Gesamtverlust von mindestens 80 Prozent – wertlose Abwärme. **Der verbliebene kleine Rest des ohnehin nicht billigen Windstroms ist dann nach dieser „Speicherung" fünffach teurer geworden.**

Als eine Anlage, die aus Windstrom nach dem Zwischenschritt der Wasserstofferzeugung wieder Strom produziert, ist dieses Hybridkraftwerk nur eine teure Energievernichtungsanlage und kein Stromspeicher.

Als Anlage nur zur Wasserstofferzeugung als Endprodukt – mit Windstrom als Energiequelle – und Beimischung dieses Wasserstoffs zum Erdgas ist sie bedingt brauchbar[72]: Aus der hochwertigen Energieform Strom wird nur ein chemischer Energieträger. Allein für den Fall, dass nicht anderweitig nutzbarer Windstrom umgewandelt wird, wäre dieses Verfahren zu rechtfertigen. Das Problem dabei: Nur wenn es diesen Überschuß-Windstrom gibt, läuft die Anlage; ansonsten steht sie still.

Das macht ihren Betrieb und den erzeugten Wasserstoff teuer.

Weitere Beispiele:

- Technologien zur CO_2-Abtrennung aus den Abgasen von Kohle- und Gaskraftwerken: Dazu Prof. H.-J. Wagner, Institut für Energietechnik der Ruhr-Universität Bochum: „Kraftwerke mit CO_2-Abscheidung werden erst in der übernächsten Generation, also in 30 bis 40 Jahren, zum großtechnischen Einsatz kommen."

- Die unterirdische CO_2-Speicherung: Bereits die gesetzliche Regelung zur Erprobung ist am Widerstand der Bürger gescheitert;

- Der Ausbau des Höchstspannungsnetzes um 3000 bis 4200 km innerhalb der nächsten 20 Jahre: Bisher nur 214 km realisiert; angesichts der Widerstände ist selbst das Erreichen eines kleinen Teils dieser Pläne mehr als unwahrscheinlich.

---

[72] Thomas Kiehl, Gerd Müller-Syring, wie Fn. 19;

- Druckluftspeicher zum Ausgleich von Windstromschwankungen: Das erste und einzige Entwicklungsprojekt für adiabatische Druckluftspeicherung namens ADELE stellte am 22. November 2010 die RWE Power in Staßfurt (Sachsen-Anhalt) vor. Zu schaffende Voraussetzungen: „Erfolgreiches Abschließen der technischen Untersuchungen und Planungen; Finanzierung einschließlich der erforderlichen [!] Förderung; Geologie des Standortes." Viele wesentliche technische Komponenten müssen ebenfalls erst noch entwickelt werden. Ob in 30 Jahren die Marktreife erreicht werden kann, ist unklar.

- Seekabelverbindungen zu norwegischen Pumpspeicher-Kraftwerken mit mindestens 5000 MW Übertragungsleistung: Siehe die obigen Ausführungen von Prof. Vahrenholt in Kapitel 2. Ein erstes kleineres Projekt befindet sich bereits in Schwierigkeiten: Das 530 km lange Nord Link. Ein solches Kabel soll es bis Anfang 2017 geben. Es soll 1.400 MW übertragen. Das entspricht der Leistung eines Kernkraftwerks und gerade einmal 4 Prozent der schon jetzt in Deutschland installierten Windstromleistung. Mehrere Partner verließen das Projekt bereits.
Fünf bis zehn dieser Seekabel wären wohl nötig. Geplant sind sie nicht, und es gibt noch andere Probleme: Die meisten norwegischen Wasserkraftwerke sind keine in beiden Richtungen (bergauf und bergab) arbeitenden Pumpspeicherwerke. Sie müssten teuer und langwierig umgebaut werden – wenn es die Norweger überhaupt wollen.
Außerdem wollen alle Nordseeanrainer, die ebenfalls Windkraftanlagen gebaut haben, ebenfalls mit Seekabeln an die norwegische Wasserkraft heran. Holland hat es schon getan. Damit fällt für jeden weniger Speicherkapazität ab. Und schließlich: Schon jetzt kämpfen Bürgerinitiativen in Norddeutschland gegen die Umspannstation an Land und die neuen Hochspannungsleitungen.

- Bezahlbare, leistungsfähige und langlebige Batterien für Elektroautos: Diese Entwicklung dauert voraussichtlich mehr als 20 Jahre. Als Speicher für Wind- oder Solarstrom wird auch danach kaum ein Autobesitzer seine Batterien bereitstellen: Ihre Lebensdauer leidet darunter.

- Brennstoffzellen zur Stromerzeugung aus Wasserstoff, der wiederum per Elektrolyse aus überflüssigem Windstrom gewonnen wurde: zu teuer, zu geringe Lebensdauer, unausgereifte Technik.

- Solarstrom aus Nordafrika für Europa: Das DESERTEC-Projekt. Abgesehen von enormen Kosten, extremen Umweltproblemen (z. B. Sandstürmen), enormen Leistungsverlusten bei Stromerzeugung und Transport bis Mitteleuropa sind sehr lange, neue Höchstspannungstrassen notwendig – und kaum realisierbar. Zudem haben die politischen Umbrüche in Nordafrika alle Pläne obsolet gemacht.

- Unterirdische Pumpspeicherwerke in ehemaligen Bergwerken: Noch existieren nur Pläne. Bis zur Marktreife mindestens 25 Jahre. Problem: Über und unter Tage müssten sehr große Speicherbehälter angelegt werden.

- Im März 2012 stellte Prof. Heindl, Furtwangen, das Konzept „Hydraulischer Felsenheber als Stromspeicher" vor. Ein zylindrischer Felsblock soll in einem zylindrischen Wasserbehälter hydraulisch mit 200 bar Druck angehoben werden; die gespeicherte mechanische Energie sei zu 80 Prozent zurückgewinnbar. Kosten: das zehnfache eines Pumpspeicherwerks. Noch gibt es kein EVU, das einen Pilotspeicher (50 bis 70 m Durchmesser, Höhe gleich Durchmesser) finanzieren möchte. Zum Problem der Abdichtung des 160 bis 220 m langen Spaltes am Außenrand des Blocks gegen die 200 bar Wasserdruck gibt es leider keine Informationen.

- Geothermie-Kraftwerke zur Stromerzeugung: Die äußerst geringe Temperaturdifferenz, mit der diese Wärmekraftanlagen arbeiten müssen (ca. 140°C), führt zu einem kläglich kleinen Wirkungsgrad, der fast immer verschwiegen wird. Erstmals wurden im Herbst 2011 in einem Fachbericht über das geplante „petrothermale" Kraftwerk in Munster-Bispingen (Lüneburger Heide) die interessanten Zahlen genannt: Thermalwassertem-

peratur 160°C; thermische Leistung 14,7 MW; elektrische Leistung 1,2 MW. Elektrischer Wirkungsgrad somit trotz relativ hoher Temperatur des Thermalwassers nur 8,2 Prozent. Das heißt: Sehr wenig elektrische Leistung für sehr hohe Investitionskosten, die hier 43 Mio € betragen; somit 36.000 € für 1 kW_{el} Leistung.
Zum Vergleich: 1 kW eines Kohlekraftwerks kosten 1.140-1.480 €; selbst bei einer kleinen Haus-Blockheizanlage kostet 1 Kilowatt 3.700-7.500 €. Stromerzeugung mit Geothermie ist also extrem unrentabel. Nur als Fernheizung hat es Sinn.
- Solare Wasserstofferzeugung durch CO_2-gefütterte Algen: Im Labormaßstab in Erprobung. Ungewisse Aussichten; mehrere Jahrzehnte von der Marktreife entfernt.

Diese und weitere Techniken sind zwar im Prinzip realisierbar, jedoch entweder noch weit von einer Markteinführung entfernt, von untragbar hohen Kosten gekennzeichnet, mit unakzeptablen Verlusten behaftet oder ihr Einsatz bleibt durch andere Defizite weit jenseits des politisch anvisierten Zeitraumes. Somit ohne Wirkung für die Umsetzung der Ziele der Energiewende.

- Ein weiteres Hoffnungsargument in den Energiewende-Papieren besteht in der Annahme der Regierung, dass der Bedarf an elektrischer Energie jährlich um 1,7 Prozent sinken werde. Diese Annahme wurde offenbar sehr zum Erreichen besserer Zahlen benötigt.
Sie wurde aber schon zuvor durch eine Studie der Task Force „Stromversorgung und Umwelt" des VDE von 2009 widerlegt: Der bisherige langfristige Trend sei im Gegenteil eine Erhöhung von 1,2 Prozent pro Jahr gewesen. Seit 2006 habe er + 0,6 Prozent betragen – und dieser jährliche Verbrauchszuwachs von 0,6 Prozent sei auch unter der Annahme von weiterhin erzielbaren Effizienzfortschritten wegen der zunehmenden Anwendung elektrischer Energie auch das wahrscheinlichste Szenario für die Zukunft.

Pläne dieser Art haben Konjunktur; es gibt offenbar in den zuständigen Ministerien keine fachliche Kontrolle mehr, die derartige politisch korrekten Projekte von ihrer Förderung fernhalten könnte.

Das Problem für die Regierung, die derartiges mit Steuergeld unterstützt, ist die Physik. Sie ist weder durch Programmpapiere, noch durch Sonntagsreden oder Einweihungszeremonien zu beeinflussen. Der einzige politisch nützliche Effekt derartiger Projekte ist ein positives Medienecho und ein kleiner Zeitgewinn – bis zur unausweichlichen Pleite, über die aber nicht mehr berichtet wird. Das scheint die Steuergelder wert zu sein.

Eine ernsthafte und ehrliche Energie- und Umweltpolitik hätte die physikalisch-betriebswirtschaftliche Sackgasse der Stromerzeugung aus ungeeigneten Quellen vermieden und die regenerativen Energiequellen für den Wärmemarkt erschlossen: Solarthermie mit Langzeitspeichern und die Nutzung von Erdwärme mittels Wärmepumpen hätten eine konsequente und wirkungsvolle Förderung verdient, was niemals konsequent und für die Branchen berechenbar geschehen ist.

Auch die Fernwärmenutzung aus tiefen Erdschichten – an Stelle absurd unrentabler Geothermie-Kraftwerke zur Stromerzeugung – und die ausschließliche Biogaserzeugung aus verwertbaren Abfällen und nicht aus Feldfrüchten wäre Bestandteil jener Politik. Vorhandene Windkraft dürfte in diesem pumpspeicherarmen Lande einzig zur Wasserstofferzeugung mit anschließender Verwertung als Brennstoff oder Chemierohstoff eingesetzt werden; neue Installationen müssten gesetzlich unterbunden werden.

Die Reihe der Beispiele für eine intelligente Verbesserung der Wärmebereitstellung ließe sich noch lange fortsetzen. Eine sehr viel stärker auf die Wärme-Bereitstellung ausgerichtete Energiepolitik würde direkt die teuren fossilen Öl- und Gasimporte treffen und die Zahlungsbilanz verbessern.

Eine derartige konsequente Energiepolitik würde dem „Kaizen"-Prinzip folgen, dem aus der japanischen Industrie bekannten Begriff für „ständige Verbesserung". Eine „Wende" hingegen bedeutet eine 90- bis 180-Grad-Kursänderung; diese Bezeichnung war daher korrekt. Abrupte Wenden in der Energiepolitik aber kann die Wirtschaft eines Industrielandes nicht aushalten, erst recht nicht eine Wende mit den beschriebenen Defiziten.

12. Energie-Planwirtschaft ist längst Realität

Von vielen Autoren der Wirtschaftspresse ist bereits harte Kritik daran geübt worden, dass im Energiesektor immer mehr marktwirtschaftliche Grundprinzipien, die bisher den Erfolg der Industrienation Deutschland herbeiführten, von der Regierung missachtet und durch politisch motivierte Verletzungen dieser Prinzipien ersetzt werden.
Die Liste dieser Verstöße ist inzwischen lang:

1. Das EEG, also die extreme Zwangssubventionierung unwirtschaftlicher und auch technisch ungeeigneter Methoden der Stromerzeugung – verbunden mit dem Zwang, den so erzeugten Strom vorrangig ins Netz einzuspeisen und seinen Weiterverkauf notfalls noch zusätzlich zu bezahlen

2. Entschädigungs-Verpflichtung für die Nicht-Produktion eines Wirtschaftsgutes – s. §12 EEG.

3. Die mit Angstszenarien begründete Stilllegung einer großen Grundlast-Stromerzeugung (Kernkraft) mit der Folge von Preissteigerungen – auch im Ausland – und Versorgungsengpässen.

4. Gewaltiger, teurer Ausbau der Stromnetze, der ohne die Fehlentscheidung der Bevorzugung unrentabler Erzeugungstechniken – s. Punkt 1 – überhaupt nicht notwendig wäre.

5. Entlastung von energieintensiven Produktionen von den durch die EEG-Fehlsteuerung verursachten Strompreiserhöhungen – und deren Überwälzung auf die übrigen Verbraucher.

6. Geplante neue Subventionen, um weitere Folgen der Fehlsteuerung durch das EEG und den Kernkraftausstieg zu bekämpfen: Die Bevorzugung von Wind- und Solarstrom macht die jetzt benötigten neuen Kohle- und Gaskraftwerke unrentabel, weshalb sich Investoren zurückhalten. Die Gaswirtschaft betonte, dass sich auch der Betrieb der zum schnellen Ausregeln der Netzschwankungen geeigneten Gasturbinenkraftwerke wegen der hohen Gaspreise nicht rentiere. Derartige Investitionszuschüsse diskutiert ebenfalls der BDEW und auch die Bundesnetzagentur empfiehlt, über Subventionen für den Kraftwerksneubau „nachzudenken" Deshalb hat die Bundesregierung einen Investitionskostenzuschuss für neue fossile Kraftwerke im Zeitraum 2013-2016 in Aussicht gestellt und steht hierzu in Verhandlungen mit der EU.

7. Dies wird mit Sicherheit kommen, weil sonst niemand derartige Investitionen tätigen wird, was sich schon heute abzeichnet. Sollte das dann auch nicht helfen, wird der Staat selbst als Kraftwerksbauer auftreten müssen.

8. Stromspeicher werden im Ausland gesucht – so die per Seekabel teuer anzuschließenden Pumpspeicherwerke Norwegens – weil nicht benötigter, überschüssiger Windstrom zwischengespeichert werden muss. Fördermittel fließen in neue Speicherprojekte. Ohne die Fehlsteuerung durch das EEG hätten die vorhandenen Pumpspeicherwerke weiterhin ausgereicht.

9. Durch die Energieeinsparverordnung werden Hausbesitzer zur energetischen Sanierung und Nachrüstung gezwungen. Auch wenn sie das nicht wünschen. Sie dürfen die Kosten auf die Mieter umlegen.

10. Für Neubauten ist bereits die Installierung der sogenannten intelligenten Stromzähler vorgeschrieben. Ein Zwang für alle Verbraucher, diese Geräte anzuschaffen, ist angesichts der die Bürger bevormundenden Energiepolitik zu erwarten.

11. In Baden-Württemberg wurden Hausbesitzer bereits gesetzlich verpflichtet, bei einer Modernisierung ihrer Heizungsanlage ei-

ne anteilige Versorgung durch „Erneuerbare Energie" sicherzustellen.

12. Der staatliche Geldregen für Energiewende- Reparaturmaßnahmen lockt nun auch weitere Interessenten hervor: Auf der Energiespeicher-Konferenz IHRES in Berlin wurde ein Einspeisegesetz á la EEG auch für Energiespeicher, die das Netz stabilisieren sollen, gefordert. Auch Investitionszuschüsse seien geeignet.

Das durchgängige Prinzip dieser Politik ist es, den Energiesektor zunehmend aus der Marktwirtschaft herauszulösen und sowohl die Wirtschaft wie auch die Bürger durch Gesetze und Verordnungen zu einem geänderten Verhalten zu zwingen – selbstverständlich nur zu ihrem Besten.

Die Geschichte zeigt ausnahmslos, dass eine derartige Politik, die nichts anderes als Planwirtschaft ist, mit Sicherheit scheitert. Die unvermeidliche Folge sind riesige Fehlinvestitionen, die Verhinderung wirtschaftlicher Weiterentwicklung und die Ausplünderung der Bürger – insgesamt eine Verarmung des Landes und eine Absenkung seiner Wettbewerbsfähigkeit.

Das abschreckendste Beispiel für eine schon lange existierende Planwirtschaft in Westeuropa ist natürlich der reglementierte, subventionierte und riesige Kosten verursachende Agrarsektor.

Umso merkwürdiger, dass selbst eine von CDU/CSU und FDP getragene Regierung diese Demontage der Marktwirtschaft nach Kräften vorantreibt.

13. Das stille Ende großer Ankündigungen – und das Erwachen der Gewerkschaften

Sie haben es sicherlich bemerkt: Klimaschutz ist plötzlich „out". Jahrelang hat die Regierung Deutschland als einsamen Vorreiter und moralisches Vorbild bei der Reduzierung der CO_2-Emissionen hingestellt. Der nach dem Anschluss der DDR dort stattgefundene Zusammenbruch der Industrie sowie die anschließende Modernisierung ihres Restes haben einen beträchtlichen Rückgang der dortigen Emissionen zur Folge gehabt – den sich die Bundesrepublik als eigene Leistung angerechnet hat.

Damit konnte sie die Selbstverpflichtung, die CO_2-Emissionen gegenüber dem für die Statistik sehr geeigneten Jahr 1990 um 21 Prozent zu vermindern, mit 23,4 Prozent sogar übertreffen. Anschließend hat sie in der EU die Forderung nach einer Absenkung der Emissionen bis 2020 um 40 Prozent erhoben – was von den Grünen als „ambitionierte Vorreiterrolle" bezeichnet wurde.

Das ist nun seit Verkündigung der Energiewende Makulatur. Die Abschaltung von acht unbestreitbar CO_2-freien Kernkraftwerken und der Ersatz des Stromausfalls durch Importe – teilweise von Kohlekraftwerken – und Hochfahren auch noch der letzten und ineffizientesten deutschen Kohlekraftwerke hat alle großartigen Selbstverpflichtungen abrupt in eine Peinlichkeit verwandelt. Hinzu kommt, dass Deutschland dringend neue Grundlastkraftwerke benötigt – und das können nach derzeitiger politischer Lage wiederum nur Kohlekraftwerke sein, wenn auch sehr moderne. Die Braunkohle-Bundesländer und die Industriegewerkschaft Bergbau, Chemie,

Energie begrüßen das sehr. Aber die Grünen und zahlreiche Bürgerinitiativen, die vom Ende der Klimaschutzpolitik noch nichts gehört haben, behindern den Neubau von Kohlekraftwerken nach Kräften (siehe Kap. 9).

Inzwischen beginnen auch die Gewerkschaften, den Ernst der Lage zu begreifen: Im Januar 2012 mahnten die NRW-Gewerkschaften die rot-grüne Landesregierung, bei der Energiewende die Folgen für die Arbeitsplätze stärker zu beachten. DGB-Landeschef Andreas Meyer-Lauber: „Wir glauben nicht, dass im Bereich der erneuerbaren Energien automatisch so viele neue Arbeitsplätze entstehen, dass die Verluste kompensiert werden."[73]

Er hielte den Braunkohlen-Tagebau für unverzichtbar. Im Streit um das geplante Kohlekraftwerk Datteln erwartet er, dass das mehr als eine Milliarde Euro teure Projekt ans Netz gehen kann. Die Industrie in NRW verbrauche rund 40 Prozent des Industriestroms in Deutschland; 80.000 Menschen arbeiteten in der Energieversorgung, weitere 400.000 in energieintensiven Betrieben. Aus der Sicht des DGB müsse es daher „Leitplanken für den Erhalt guter Arbeitsplätze" auch im bundesweit ersten Klimaschutzgesetz in NRW geben.

Der Chef der Industriegewerkschaft Bergbau, Chemie, Energie (IG-BCE) Michael Vassiliades sagte am 5. Februar 2012: „Wenn das so weiter geht wie bislang, wird das nichts mit der Energiewende." Es genüge nicht, einige Kernkraftwerke abzuschalten und für andere ein Auslaufdatum zu beschließen. Damit beginne erst die eigentliche Arbeit. Notwendig seien verstärkte Anstrengungen beim Ausbau der Energienetze und beim Kraftwerksbau. Zur Stabilisierung des Stromversorgungssystems fordere die IG-BCE die Schaffung eines gesicherten Energiesockels. „Wir brauchen einen doppelten Schutz vor Preis- und Frequenz-Schwankungen im Netz, die wirtschaftlich nicht mehr tragbar sind", so der Gewerkschaftschef. Alles andere sei fahrlässig.[74]

---

[73] Andreas Meyer-Lauber, DGB-NRW: Braunkohle unverzichtbar. Bei Energiewende auf Jobs achten, General-Anzeiger, Bonn, 17.1.2012.
[74] Michael Vassiliades, IG BCE: Kritik an Umsetzung der Energiewende, 5.2.2012, dpa-AFX, dapd, http://wirtschaft.t-online.de/kritik-an-umsetzung-der-energiewende/id_53774360/index [18. 5. 2012].

In die Gegenrichtung geht allerdings die Aussage der IG Metall vom 23. Februar 2012 anlässlich der von der Regierung verkündeten – nach Expertenmeinung „moderaten" – Kürzung der Einspeisevergütung für Photovoltaikanlagen: Die Metallergewerkschaft forderte für die deutsche Solarbranche ein Nothilfeprogramm. Mit den selbstbewussten Stellungnahmen erfolgreicher Solarunternehmen hat sich diese Forderung wohl erledigt.[75]

Es müsste also unbedingt weitere Kohlekraftwerke geben; die Regierung hat gar keine andere Wahl, als nun auch beim sogenannten Klimaschutz eine 180-Grad-Wende zu fahren – diese allerdings möglichst so, dass es den Bürgern nicht auffällt. Aber sie streitet über Kraftwerksneubauten, obwohl selbst die Wünsche des Wirtschaftsministeriums bei weitem nicht ausreichen würden – siehe Kapitel 8.

Aber das werden dann auch nicht einmal Kraftwerke mit CO_2-Abtrennung (CCS) sein, wie es stets vollmundig verkündet wurde. Denn die Regierung erlitt kürzlich eine schwere Niederlage: Der Bundesrat lehnte ihren Gesetzesvorstoß ab, der es ermöglichen sollte, in Kraftwerken abgetrenntes CO_2 zunächst versuchsweise in ehemaligen Gasspeichern zu lagern. Er will auch nicht den Vermittlungsausschuss anrufen. Damit ist die unterirdische Einlagerung von CO_2 in Deutschland erst einmal unmöglich.

Die Abtrennungs- und Speichertechnik sollte eigentlich durch ein vom Energieversorger Vattenfall zu bauendes Demonstrationskraftwerk im Brandenburgischen Jänschwalde erprobt werden. Jetzt hat Vattenfall Anfang Dezember 2011 erklärt, dass dieses Projekt gestoppt wird. Grund sei das jahrelange erfolglose Ringen um eine gesetzliche Grundlage, teilte Vattenfall mit und bezog sich dabei vermutlich auch auf die kürzliche Ablehnung der CO_2-Einlagerung (s. o.). Minister Röttgen zeigte sich enttäuscht.

Jetzt fehlt es also weiterhin sowohl an der Abtrennungstechnik als auch an der Möglichkeit zur Lagerung des Gases. Damit sind auch alle Lippenbekenntnisse zum künftigen Bau von ausschließlich CO_2-freien Kohlekraftwerken gegenstandslos geworden. Aber neue Kohlekraftwerke werden nach der Abschaltung der AKW dringend

---

[75] Vgl. ZDF-Beitrag, wie Fn. 56.

benötigt. Es werden dann – falls es der in den vergangenen Jahren stets begrüßte Widerstand der Bevölkerung überhaupt zulässt und die Investoren das Risiko überhaupt tragen wollen– ganz normale Kohlekraftwerke ohne CO_2-Abtrennung gebaut. Das werden aller Voraussicht nach überwiegend Steinkohlekraftwerke sein, deren Brennstoff importiert werden muss.

Womit die CO_2-Emissionen Deutschlands noch mehr steigen werden, als es bereits jetzt der Fall ist.

Mit diesem Dilemma ist die Regierung aber nicht allein: Die EU verfolgt das Ziel, 2050 rund 90 Prozent weniger CO_2 zu emittieren, wozu entscheidend die CCS-Technik gebraucht wird. Die EU-Kommission geht davon aus, dass im Jahre 2035 CO_2 aus Kohle- und Gaskraftwerken mit einer Kapazität von 35.000 MW abgetrennt und gespeichert werden kann. Allerdings fehlen Erfolgsmeldungen: Nur Spanien, die Niederlande und Rumänien haben bisher die EU-Richtlinie zur geologischen Speicherung von CO_2 vom April 2009 in nationales Recht übernommen. In allen anderen EU-Staaten fehlt Investoren die Rechtssicherheit.

Und von den sechs von der EU-Kommission geplanten Pilotprojekten wird eventuell nur das in Rotterdam bis 2015 in Betrieb gehen. Das deutsche Projekt Jänschwalde gehört nicht mehr dazu.

Das Hauptproblem der CCS-Technik ist die fehlende Wirtschaftlichkeit. Eine Tonne CO_2 abzuscheiden kostet ca. 50 €. Im Emissionshandel liegt der Preis für diese Menge bei ca. 10 €. Und er könnte später noch weiter sinken, wenn in Europa die neuen Erdgasquellen ausgebeutet werden – s. Kap. 18. Die ab 1. Januar 2013 anstehende Versteigerung der Emissionszertifikate wiederum treibt ihren Preis hoch. Eine Prognose ist deshalb nicht möglich.

Seit sechs Jahren experimentiert Deutschland nun mit dem angeblichen Klimaschutz durch den Emissionshandel. Der Staat beschenkt mittlerweile energieintensive Unternehmen – z.B. Stahl-, Zement- und Chemieindustrie; insgesamt 164 Industriebereiche – üppig mit Emissionsrechten, nach Meinung von Kritikern wie BUND sogar viel mehr als nötig, damit sie nicht abwandern. Diese Emissionsrechte können sie weiterverkaufen. Da auf diese Weise die Emissionen in Europa nur verlagert, aber in keiner Weise verringert werden, ist der Effekt gleich Null.

Aber auch mit der Verwendung von CO_2 als Rohstoff (CCU) kann nur ein kleiner Teil der Emissionen genutzt werden, wie kürzlich auf einem Kongress in Düsseldorf einhellig festgestellt wurde.

Die größte Hürde – vor allem in Mitteleuropa und Skandinavien ist aber die fehlende Akzeptanz der CO_2-Speicherung vor der eigenen Haustür. Zur Rolle der Bürgerinitiativen s. Kap.14.

Die Regierung wird somit in den kommenden Jahren stetig ansteigende CO_2-Emissionen registrieren, sie aber vermutlich nicht mehr kommentieren. Sie hat vielleicht die Hoffnung, dass die weltweit stark ansteigenden Emissionen – allein 2010 gegenüber 2009 um +6 Prozent auf knapp 32 Mrd Tonnen, vor allem durch China, Indien, USA, Russland und Japan – von der ehemals „ambitionierten Vorreiterrolle" Deutschlands ablenken würden.

Im Grunde müsste die Regierung jetzt ihre gesamte Klimapolitik offiziell begraben. Es wäre sowohl ein Akt der Ehrlichkeit als auch die Beendigung einer ohnehin sinnlosen und unwirksamen Anstrengung, die von vornherein niemals das Klima auch nur im Geringsten beeinflussen konnte. Man lese dazu das neue Buch von Vahrenholt und Lüning „Die kalte Sonne".

Man könnte nun auf die Idee kommen, dass eine Regierung, die – nicht offen und ehrlich, aber de facto – derart leichthin ihre moralisch überlegen gespielte Rolle als selbsternannte Weltretterin opfert, ebenso eines Tages ihre Energiewende einfach ausklinken könnte. Man kann sich jedoch nicht darauf verlassen, denn die Lobby der EEG-Profiteure, die man geschaffen hat, ist stark.

14. Die Geister, die man gestern rief...

Viele Jahre lang wurden die Umweltverbände von den Regierungen mit großer Sympathie behandelt und zahlreiche Forderungen wurden ihnen erfüllt. Vernünftiges und auch Unsinniges geschah. Gleichzeitig bildeten sich lokale und regionale Aktionsbündnisse, die Flugplatzerweiterungen, Atomabfall-Endlager, Straßenbauprojekte, Flussbegradigungen, Abholzungen, Sendemasten des Mobilfunks und vieles andere mehr bekämpften; oft mit beachtlichem Erfolg.

Die Bürger haben daraus gelernt, dass sie recht wirksam unliebsame Entwicklungen in ihrer Umgebung verhindern können. Genau diese Fähigkeiten setzen sie seit einiger Zeit gegen nahezu alle Projekte ein, die jetzt zu wesentlichen Teilvorhaben der Energiewende ernannt worden sind:

- Eine kaum übersehbare Anzahl von Bürgerinitiativen – inzwischen von den Medien als „Wutbürger" bezeichnet – bekämpft Windkraftanlagen: ArGe für eine windradfreie Heimat; Volksinitiative „Gegen Windräder" mit 26 angeschlossenen Vereinen; Windkraftgegner; Gegenwind; Windwahn; NAEB; Epaw-Europäische Plattform gegen Windkraftanlagen; Bürgerinitiative „gegenwindlärm"; Sturm im Storm; Freier Wald e.V.; IG Sturmwind; Wind gegen Wind; Sturm gegen Wind u.v.a.m.

- Auch die wenigen noch geplanten Pumpspeicher-Kraftwerke sehen sich dem Widerstand der Bürger gegenüber:
  - Atorf/ Südschwarzwald: Der Schwarzwaldverein als Interessenvertreter der Bevölkerung hatte in den Anhörungen kritisiert, die „Region dürfe nicht bloß das Objekt für energiewirtschaftliche Ausbeutung werden." Der Kreisverband der B90/Die Grünen Waldshut sprach sich ebenfalls gegen das Projekt aus.

- Riedl/ Bayern: Das Projekt ist politisch umstritten; eine Bürgerinitiative hat sich dagegen gebildet.
- Blautal/ Birkhau: Massive Bürgerproteste in Arnegg und Markbronn führten zu erheblichen Planungsänderungen – auch bezüglich des Ortes der Anlage. Zurzeit werden Sicherheitsbedenken geltend gemacht; der Widerstand hält auch nach sechs Jahren an; ein Baubeginn ist nicht absehbar.

- Eine Bürgerinitiative hat bislang erfolgreich die Errichtung einer Umrichterstation in Norddeutschland verhindert, die als deutscher Endpunkt am Seekabel nach Norwegen das Anzapfen der norwegischen Wasserkraftwerke für die Speicherung deutschen Windstroms möglich machen sollte (vgl. Kap.6 und Kap. 10).

- Massiven Widerstand gibt es bereits gegen jegliche neue Hochspannungs-Freileitungen. Angst vor Elektrosmog, entwertete Grundstücke und verschandelte Natur führen die Bürgerinitiativen ins Feld. Das wird sich noch erheblich steigern, wenn die Pläne der Regierung zum Neubau von mindestens 3000 km Höchstspannungsleitungen von Nord- nach Süddeutschland verwirklicht werden sollen (siehe Kap. 10).

- Eine weitreichende Niederlage erlitt die Berliner Regierung mit ihrem Gesetzesvorstoß, der es ermöglichen sollte, in Kraftwerken abgetrenntes CO_2 zunächst versuchsweise in ehemaligen Gasspeichern zu lagern. Der Bundesrat lehnte es ab und will auch nicht den Vermittlungsausschuss anrufen.
Grund für diese Ablehnung war die im Gesetz vorgesehene Klausel, die es jedem Bundesland ermöglicht hätte, auf seinem Territorium diese Technik zu erproben oder aber die Erprobung zu verbieten. Angesichts des sehr großen Widerstandes in den nördlichen Ländern – zahlreiche Bürgerinitiativen kämpfen dort gegen die Einlagerung des giftigen CO_2 „unter ihren Füßen" – wäre letzteres mit Sicherheit geschehen.
Bereits vor der Bundesrats-Abstimmung hatte es massive Proteste gegeben: „Stoppt das CO2-Endlager" stand auf ungezählten Autoaufklebern im Raum Flensburg und massenweise in

friesischen Vorgärten, an der Nordseeküste in Schleswig-Holstein und Niedersachsen brannten Mahnfeuer. Die Initiatoren lehnten auch eine Speicherung vor der Küste ab, weil Experten davon ausgehen, dass sich eine CO_2-Verpressung noch in 100 km Entfernung auswirken könnte.
Die im Gesetz vorgesehene Ausstiegsklausel aber lehnte insbesondere Brandenburg ab, das in Jänschwalde den Bau einer großen CCS-Pilotanlage von Vattenfall erhoffte, für deren CO_2 dann aber wohl keinerlei unterirdische Speichermöglichkeit zu erwarten wäre. Vattenfall stoppte das Projekt Anfang Dezember 2011.
Greenpeace zeigte sich über das Abstimmungsergebnis im Bundesrat erfreut.

Diese sogenannte CCS-Technik gilt jedoch als Voraussetzung, um in Deutschland Kohlekraftwerke auf Dauer wirtschaftlich betreiben zu können, da sonst CO_2-Emissionsrechte an der Börse gekauft werden müssen. Das könnte alle Pläne zum Bau neuer Kohlekraftwerke, die die abgeschalteten Kernkraftwerke ersetzen sollen, verhindern. Damit wäre eine weitere entscheidende Voraussetzung der sogenannten Energiewende entfallen.

- Auch gegen Photovoltaikanlagen gibt es Widerstand – und zwar aus den Reihen der Solarstrombefürworter selbst: Wolf v. Fabeck, Geschäftsführer und Vorstandsmitglied des Solarenergie-Fördervereins Deutschland e.V. (SFV) schrieb am 21. September 2009: „Hier setzt sich eine bedauerliche Fehlentwicklung fort."[76] Der SFV lehne PV-Freiflächen aus folgenden Gründen ab:
  - Sie „belegen unnötigerweise Land-Flächen und treiben damit in ihrer Weise die Zersiedelung der Landschaft weiter voran."
  - „Freiflächen stehen in Konkurrenz zum Nahrungsmittelanbau."

---

[76] Wolf v. Fabeck, Solarenergie-Förderverein Deutschland e.V. (SFV): Rückgang der Kleinanlagen setzt sich fort, 21. 9.2009; Ders.: Freiflächenanlagen – Für und Wider, 22. 7. 2003/ 7. 7. 2009; sowie Hermann Bähr (SFV): Freiflächenanlagen boomen. Warum sie abzulehnen sind, 10.12.2009, www.sfv.de.

- „Freiflächen fangen […] viel Sonnenenergie ab. Diese Sonnenenergie fehlt dann bei der Photosynthese. Das Pflanzenwachstum unter den Solarmodulen bindet bei weitem nicht so viel CO_2 aus der Atmosphäre, wie es ohne Abschattung binden könnte."
- „Als ökologisch bessere Alternative bietet sich die Nutzung der Windenergie an."
- Durch „die Zunahme der Freiflächen [nimmt] die Akzeptanz für die Photovoltaik in der Bevölkerung [ab], wie einige Bürgerinitiativen gegen Freiflächenanlagen belegen."

Die Bürger haben leider von der Politik nicht nur das erfolgreiche Blockieren von Projekten gelernt, sondern auch die Verwendung irrealer technischer Vorschläge als Argumente.

So wird beispielsweise der Einsatz der Hochspannungs-Gleichstromübertragung (HGÜ) gefordert, weil damit mehr Leistung über vorhandene Leitungen geschickt werden kann.

Genervte Vertreter der Netzbetreiber erklären dann in den Diskussionen vor Ort, die HGÜ sei nur für die Übertragung großer Leistungen über große Entfernungen zwischen zwei Punkten sinnvoll – und ein nur mit sehr teuren Umrichterstationen anzapfbarer Fremdkörper im Wechselstromnetz.

Sehr beliebt ist das Argument des Ersatzes der Freileitungen durch Kabel. Unterirdische Hochspannungsleitungen stellen jedoch eine problematische Alternative dar[77]:

Bei einer Erdverkabelung ist ein steter und direkter Zugriff für Wartung und Reparatur nur dann sichergestellt, wenn die Fläche oberhalb des Kabels frei ist.

Bei der Verlegung eines Erdkabels muss der Boden ausgetauscht werden. Anschließend müssen die Kabeltrassen freigehalten werden. Darüber hinaus strahlen Erdkabel Wärme ab, was zu einer Bodenaustrocknung führen kann. Ihre elektromagnetischen Abstrahlungen („Elektrosmog") sind die gleichen wie bei einer Freileitung. Hinzu kommt, dass bei der Verlegung von Erdkabeln der Bau von Muffenbauwerken in Abständen von 500 bis 700 Metern sowie von

---

[77] Vgl. Netzbetreiber (ÜNB) 50Hertz: Freileitung versus Kabel, www.50hertz-transmission.net/cps/rde/xchg/trm_de/hs.xsl/1571.htm.

Kompensationseinrichtungen entlang der Kabelstrecke nötig ist. So werden vorhandene Biotope bleibend zerschnitten.

Die Verlegung von Erdkabeln erhöht die Baukosten um das Vier- bis Zehnfache. Bei einer Verlegung von Kabeln in Tunneln können sich die Kosten sogar um den Faktor 30 bis 40 erhöhen.

Die Vertreter der Regierung lernen jetzt erneut, was die Experten des Bundesforschungsministeriums bereits von 1975 bis 1978 in den Diskussions- und Seminarveranstaltungen ihrer umfangreichen Aufklärungs- und Werbeaktion „Bürgerdialog Kernenergie" erfahren hatten: Es ist unmöglich, Ängste durch Sachargumente erfolgreich zu bekämpfen.

15. Deutschlands Energiewende bedroht die Nachbarländer

Als die acht deutschen Kernkraftwerke Mitte März 2011 mit einer Entscheidung der Regierung abgeschaltet wurden, wodurch einmalig zeitgleich 5.000 MW und längerfristig eine Grundlast-Kapazität von 8.500 MW (Megawatt) ausfiel, geschah es ohne jede Vorwarnung oder gar Konsultation der Nachbarländer, obwohl klar war, dass diese von dem drastischen Eingriff in den europäischen Strommarkt erheblich betroffen sein würden.

Der Zeitpunkt war zufällig und vorübergehend günstig, denn am Beginn des Frühjahrs waren die Nachbarländer gut in der Lage, das in Deutschland entstandene Leistungsdefizit mit Stromexporten zu füllen.

Die Bundesnetzagentur hat in ihrer Fortschreibung des Moratoriumsberichts[78] vom 27. Mai 2011 in einer Grafik den Verlauf der Wind- und Solarstromeinspeisung sowie der Export-Import-Bilanz für den Zeitraum 6. bis 25. März 11 vorgestellt – mit den entscheidenden drei Tagen 16. bis 18.März 2011, in denen die Abschaltung der Kernkraftwerke erfolgte. Ab dem 17. März drehte sich die Export-Import-Bilanz um: Danach musste Deutschland Strom importieren. Die Leistungskurven zeigen ab diesem Tag ein sich täglich wiederholendes absurdes Bild: Tagsüber steigt die deutsche Solarstromerzeugung für einige Stunden bis auf 10.000 MW an – was die Bilanz kurzfristig etwa ausgleicht – um dann selbstverständlich in je-

---

[78] Vgl. Fortschreibung des Berichts der Bundesnetzagentur, wie Fn. 17.

der Nacht zu verschwinden, woraufhin sofort wieder elektrische Leistung zwischen 4.000 und 6.000 MW importiert werden muss.

Allein Frankreich, das generell vom Frühjahr bis zum Herbst Strom exportiert, musste seit dem 17. März 2011 durchschnittlich zusätzliche 2.000 Megawatt (MW) exportieren – und zwar nach Deutschland.

Frau Merkel hatte zuvor erklärt, dass Deutschland keinerlei Stromimporte benötigen würde. Tatsächlich sind es noch vor dem Winter 2011/2012 bis zu 4.000 MW geworden.

Was die deutsche Regierung offensichtlich übersah – oder nicht wusste – war die völlig andere Situation Frankreichs in den Wintermonaten: In diesen wird das Land zum Stromimporteur, wobei die Höhe dieser Importe bei 2,500 MW im Mittel und bei 5.000 MW im Maximum liegt.

Die Zahlen belegen es: Während der Grundlastbedarf im Sommer bei 32.000 MW im Mittel und der Spitzenbedarf bei 50.000 MW liegt, steigt die erforderliche Grundlast in den Wintermonaten auf 55.000 MW sowie auf enorme 95.000 MW im Maximum.

Dieser beträchtliche Verbrauchsanstieg beruht darauf, dass französische Häuser meist elektrisch beheizt werden – weshalb Frankreich im Winter stets Strom bezog – auch aus Deutschland.

Nun braucht Deutschland im Winter selbst Stromimporte; nicht kontinuierlich, wohl aber witterungsabhängig – wie es sich im Dezember 2010 (siehe das Beispiel im Kap. 6) zeigte, als die Stabilität des deutschen Stromnetzes zum Teil nur dank Nachbarschaftshilfe aus Österreich aufrechterhalten werden konnte.

Frankreich wird also von Deutschland im Winter nicht mehr zuverlässig Strom geliefert bekommen: Nur die Notreserven hätten im Zeitraum vom 6. bis zum 9. Februar das deutsche Netz vor dem Blackout gerettet. „Es war sehr, sehr ernst", hieß es am 16. Februar in der Bundesnetzagentur (lt. VDI-Nachrichten vom 17. Februar).

Deshalb hat jetzt nicht nur Deutschland in Wintern einen Stromengpass zu befürchten, sondern insbesondere Frankreich, wie der Stromkonzern EDF bereits Anfang November 2011 warnte.

Aber nicht nur Frankreich:

Auch die Strombranche der Schweiz trifft nach einem Bericht der NZZ vom 26. November 2011 Vorbereitungen für Versorgungsengpässe in den kommenden Wintermonaten, wie der Betreiber des Hochspannungsnetzes Swissgrid im November bestätigte. In der dritten Novemberwoche hatte die europäische Netzbetreibervereinigung Entso-E einen Bericht publiziert, der die Auswirkungen des deutschen Atomausstiegs auf die Versorgungssicherheit erörtert.

Probleme könnten sich bei einer längeren Kälteperiode ergeben, erklärte Swissgrid-Sprecher Thomas Hegglin.

Laut Entso-E könnte es zu weiträumigen Engpässen kommen, wenn etwa Frankreich auf Importe aus Deutschland angewiesen sein würde, dort aber aufgrund des Abschaltens von acht AKW nicht genügend Kapazitäten vorhanden wären. Das letzte Mittel seien gezielte Stromrationierungen.

Im Fortschreibungsbericht der Bundesnetzagentur zum KKW-Moratorium konnte die Bundesregierung bereits am 27. Mai 2011 nachlesen, was sie gegenüber ihren Nachbarn angerichtet hatte: „Bei einer dauerhaften Stilllegung der acht Kernkraftwerke des Moratoriums kann Deutschland schon heute nicht mehr im bisherigen Umfang als eine der Stützen der Versorgungssicherheit im europäischen Verbund auftreten, wie die nachfolgende Grafik [Anm.: Export-Import-Bilanz vom 1. Januar bis 21. Mai 2011; Daten von ENTSO-E] verdeutlicht. Dies ist im Hinblick darauf, dass Nachbarländer auf den deutschen Export gebaut und sich darauf verlassen haben, nicht unproblematisch."

Weiter meint die Bundesnetzagentur, es bestehe „kein Anlass, von der Aufforderung der Bundesnetzagentur [aus dem Moratoriumbericht vom 11. April 2011], vor weitergehenden Maßnahmen und Beschlüssen, die Abstimmung mit den europäischen Nachbarn zu suchen, abzugehen."[79]

In der Diskussion der verschiedenen, durch das „Moratorium" verursachten Risiken für die Stromversorgung wird von der Netzagentur auch ein spezielles Risiko für unsere Nachbarn angesprochen: Die „lastferne Erzeugung" – also die weit von den Verbrauchszentren entfernten Einspeisungsorte speziell des Windstroms und die entsprechend langen Transportwege und Leitungsbeanspruchungen – erzeuge „ein erhöhtes Risiko kaskadierender und damit

---

[79] Vgl. Fortschreibung des Berichts der Bundesnetzagentur, wie Fn. 17.

großflächiger überregionaler Auswirkungen." Dies geschehe bei „außergewöhnlichen Fehlerereignissen, falls bei Ausfall eines zentralen Leitungssystems der Lastfluss von anderen, ebenfalls bereits stark ausgelasteten Leitungen aufgenommen werden muss. Es ist erwartbar, dass derartige Fehler auch Auswirkungen auf europäische Nachbar-Regelzonen hätten."[80]

Es folgt noch die schlechte Nachricht: Das „deutsche Transportnetz [wird] durch die fehlende Einspeisung der 7+1 Kernkraftwerke tendenziell erheblich anfälliger im Hinblick auf sog. Mehrfachfehler [wie oben beschrieben]."

In ihren beiden „Moratoriumberichten" geht die Bundesnetzagentur mehrfach davon aus, dass die von der Regierung gewählte Bezeichnung Moratorium auch so gemeint war – also als eine zeitlich begrenzte Maßnahme, nach der wieder der Normalzustand eintreten würde. Deshalb auch die Wahl der Überschrift. Doch die Agentur irrte sich.

Die Nachbarn beginnen sich bereits gegen die schädlichen Auswirkungen der rücksichtslosen deutschen Energiepolitik zu wehren, wie der SPIEGEL am 5. Dezember 2011 berichtete:

In Warschau sorgt man sich, dass die polnischen Kraftwerke dem ständigen Hoch- und Herunterfahren nicht gewachsen seien und es durch einen unerwarteten Stromüberschuss sogar zu einem Blackout kommen könne. Deshalb plant Polen jetzt drastische Schritte: „Im Zuge der Modernisierung der Umspannwerke in Krajnik und Mikulow planen wir den Einbau von Phasenschiebern [eine Spezialform eines Transformators]", erklärte Slawomir Smoktunowicz, der Sprecher des polnischen Netzbetreibers PSE-O. Damit lässt sich der Stromfluss je nach Bedarf herauf- oder herunter regeln. Die Inbetriebnahme sei 2014. Deutscher Überschuss-Strom müsste dann im deutschen Netz verteilt werden, was dort das Risiko von Stromausfällen vergrößern würde.[81]

Auch Tschechien hat schlechte Erfahrungen mit deutschen Grünstrom-Spitzen: Am 19. Februar 2012 kamen plötzlich 2.000 MW aus

---

[80] Vgl. Fortschreibung des Berichts der Bundesnetzagentur, wie Fn. 17.
[81] Steffen Neumann: Polen und Tschechien wehren sich gegen deutschen Strom, vdi-nachrichten, 9. 3. 2012, http://www.vdi-nachrichten.com/artikel/Polen-und-Tschechien-wehren-sich-gegen-deutschen-Strom/57675/2 [19. 5. 2011].

Deutschland – das Doppelte der normalen Menge. Der staatliche tschechische Netzbetreiber ČEPS musste alle Anstrengungen aufwenden, um einen Kollaps der Leitungen zu verhindern. „Das Sicherheitskriterium n-1 war über mehrere Stunden nicht erfüllt", schilderte ČEPS-Vorstand Miroslav Vrba den Ernst der Lage. (Dieses Kriterium ist erfüllt, wenn der Ausfall einer Leitung oder eines Transformators **nicht** auf andere Netzanlagen übergreift und so eine Kettenreaktion auslöst. Ist es wie in diesem Falle nicht erfüllt, dann verursacht jeder zusätzlich auftretende Ausfall eines wichtigen Netzelements den Zusammenbruch).

Dabei hatte ČEPS am 19. Februar noch Glück: Im Nordosten Deutschlands herrschte an jenem Sonntag Flaute. Über 11.000 MW Windkraft sind dort installiert und diese erzeugen bei gutem Wind einen sehr großen Energiefluss, der schon länger mangels innerdeutscher Leitungen über Polen und Tschechien nach Süddeutschland transportiert wird.

Diese Lage hat sich mit der Abschaltung von acht Kernkraftwerken im März sehr verschärft: Die Häufigkeit der Krisensituationen ist seither stark angestiegen und hält manchmal tagelang an, heißt es gleichlautend bei ČEPS und PSE-O.

Prag betrachtet deshalb die polnischen Pläne mit großer Sympathie. „Der Einbau eines Phasenschiebers an der deutsch-polnischen Grenze schützt auch den polnisch-tschechischen Übergang", bestätigte ČEPS-Vorstand Vrba. Derartige Maßnahmen an der deutsch-tschechischen Grenze plant man hingegen nicht, denn man will schließlich durch den Ausbau des Kernkraftwerks Temelin noch mehr Strom nach Deutschland exportieren und die Deutschen nicht verärgern.[82]

Doch die Nachbarn sind immer weniger gewillt, mit Notmaßnahmen in ihren Netzen für deutsche Versäumnisse und Fehlentscheidungen geradestehen zu müssen.

Stephan Kohler, der Chef der Deutschen Energie-Agentur (Dena), sagte dazu: „Wenn überschüssiger Wind- und Solarstrom nicht mehr ins Ausland abgeführt werden kann, dann wird das deutsche Stromnetz instabiler." Er forderte die Bundesregierung auf, mit den Nach-

---

[82] Ebd.

barländern rasch Verhandlungen aufzunehmen, „um die Energiewende europäisch abzusichern."

„4 GW nicht [im deutschen Netz] übertragbarer [d.h. unterzubringender] Leistung gibt es laut unserer ‚Netzstudie 2'", betonte Dena-Experte Hannes Seidl. Das ist viel elektrische Energie, die in die Netze der deutschen Nachbarländer abgeschoben werden muss, wenn der momentane deutsche Stromverbrauch gerade unter der plötzlich angestiegenen Stromerzeugung liegt.[83]

Verständlich, dass dies nicht auf Dauer hingenommen werden kann; insbesondere angesichts des in Deutschland immer weiter getriebenen Ausbaus von Wind- und Solarstromerzeugung, der den Export dieser Netzüberlastungen und -Störungen in die Netze der Nachbarn irgendwann inakzeptabel macht.

Die einseitige dramatische und abrupte Verringerung der deutschen Stromerzeugung hat also erwartungsgemäß zu größten Problemen im europäischen Verbund geführt und unabhängig von gefährlichen Stromengpässen steigen jetzt auch die Strompreise in unseren Nachbarländern. Sie dürfen Merkels Energiewende mitbezahlen. Sämtlichen Energiewirtschaftlern waren diese Folgen sofort klar. Der Regierung Merkel anscheinend nicht.

Dass die Handlungsweise der deutschen Regierung in den Nachbarländern als unsolidarisch und arrogant angesehen wird, bestätigen Landsleute, die mit dortigen Regierungsvertretern Kontakt haben. „Wenn alle so reagieren würden, wie die Deutschen, wäre die Energieversorgung Europas gefährdet", zitiert der Europaabgeordnete Holger Krahmer Stellungnahmen aus der holländischen Regierung.

Sollte es in Folge des deutschen Alleingangs zu wirtschaftlichen Schäden kommen, wird Deutschland vermutlich die Rechnung auf dem Wege über Brüssel präsentiert werden.

Die Stellungnahmen der ausländischen Experten in der Umfrage des World Energy Council – siehe Kap. 18 – belegen, dass sie alle sowohl Preissteigerungen als auch eine Gefährdung der Versorgungssicherheit in Europa als Folge der deutschen Kursänderung erwarten.

---

[83] Heinz Wraneschitz, wie Fn. 17.

16. Für Industrie und Bürger wird es immer teurer – die „Energiearmut" wächst

Es ist eine eiserne Regel der Marktwirtschaft, die auch für Ideologen, Weltverbesserer oder Zwangsbeglücker gilt: Verstöße gegen die Prinzipien der Wirtschaftlichkeit werden durch Preiserhöhungen bestraft. Die deutsche Energiepolitik insbesondere der letzten und der gegenwärtigen Regierung führt exakt zu diesem Ergebnis.

Das stärkste Werkzeug zum Umwandeln einer Marktwirtschaft in eine Planwirtschaft ist seit dem Jahre 2000 das Erneuerbare-Energien-Gesetz (EEG).

Es ist nach wie vor in Kraft.

Der durch das EEG bewirkte Zuwachs an Windkraft-, Photovoltaik- und Biogasanlagen, deren Stromerzeugung von den Netzbetreibern vorrangig angenommen und mit den bekannten hohen Einspeisevergütungen bezahlt werden muss, führt zu beständig steigenden Strompreisen, weil diese Kosten auf die Verbraucher abgewälzt werden dürfen. Alle Preissteigerungen für Mineralöl- und Gaslieferungen werden durch die hohen Steuern noch verstärkt. Deutschlands Energiesteuern und -abgaben zählen bekanntlich zu den höchsten in Europa:

- Die gesetzlich verursachten Belastungen des Strompreises in Form von Abgaben und Steuern stiegen 2011 auf 46 Prozent.

- Die darin enthaltene, stetig ansteigende EEG-Umlage betrug 2011 3,530 Cent/kWh zusätzlich 0,67 Cent/kWh MWSt und lag damit bereits bei 17 Prozent Anteil am Haushaltsstrompreis.
- Bei Industriebetrieben, die die volle EEG-Umlage entrichten müssen, ist der relative Anteil aufgrund des geringeren Preisniveaus für Industriekunden noch höher: Dieser Anteil am Strompreis liegt 2011 für einen mittelspannungsseitig versorgten Industriebetrieb bei 26 Prozent.[84]

Eine Umverteilung zu Lasten der privaten Haushalte
Wie ernst diese Situation für die energieintensiven Industrien – Chemie, Papierindustrie, Düngemittelindustrie, Glaswerke, Stahlwerke, Baustoffindustrie, Aluminiumhersteller, Metallverarbeitung – bereits geworden ist, ist der Regierung bereits durch Wirtschaftsverbände und Gewerkschaften klar gemacht worden.

Der SPIEGEL brachte vor kurzem unter dem Titel „Ofen aus" einen sehr kritischen Bericht über die Wirkung der Energie-Preissteigerungen auf die Unternehmen – mit konkreten Beispielen zu Oettingers Vorhersage.[85]

Die Reaktion der Regierung war bezeichnend: Der Staat verzichtet keineswegs auf seine vielfältigen Steuern und Abgaben auf den Strompreis, die ihn hier dermaßen teuer machen. Er verteilt die Lasten einfach um.

Ein Entlastungsinstrument dafür ist die o. g. am 28. Juli 2011 geänderte Verordnung (StromNEV), die unauffällig im Konvoi anderer Energiewende-Gesetze versteckt und die von der Presse erst nach einem Vierteljahr entdeckt wurde.

In dem für Laien praktisch unlesbaren Juristenchinesisch verbirgt sich im §19 ein Goldesel: Unternehmen mit einem hohen Verbrauch werden fast komplett von den Netzgebühren befreit – und auch noch rückwirkend für das laufende Jahr.

---

[84] BDEW, wie Fn. 5.
[85] Frank Dohmen, Alexander Neubacher: Ofen aus. Die Energiewende gefährdet viele Unternehmen, DER SPIEGEL Nr.8/2012, 18.2.2012, http://www.spiegel.de/spiegel/print/d-8406 1031.html [15. 5. 2012]; Rising Energy Prices Endanger German Industry, SPIEGEL Online International, 24.2.2012.

Unternehmen, die mindestens 7000 Stunden jährlich am Stromnetz hängen und mehr als 10 Millionen kWh Strom verbrauchen, müssen gar keine Netzgebühren mehr bezahlen.

Bereits ab einem jährlichen Stromverbrauch von 100.000 kWh sinken die Netzkosten deutlich, so dass Tausende Unternehmen nicht den vollen Preis zahlen müssen.

Die dadurch von den Unternehmen gesparten Netzkosten werden voll auf den Strompreis umgelegt – also von den Verbrauchern bezahlt. Geschätzt wird, dass die Strompreise allein durch diese Netzkostenermäßigung um 0,75 bis 1,0 Cent / kWh steigen könnten. Pro Haushalt mit ca. 4000 kWh Jahresverbrauch wären das bis zu 40 Euro mehr.

Und noch eine zweite Entlastung gab es: „Stromintensive Unternehmen des produzierenden Gewerbes mit einem Jahresstromverbrauch von mehr als 100 GWh [**Giga**wattstunden] sowie einem Stromkostenanteil an der Bruttowertschöpfung von mehr als 20 Prozent [...] gelten als privilegierte Letztverbraucher und müssen grundsätzlich nur eine begrenzte EEG-Umlage in Höhe von 0,05 ct/kWh auf ihren Stromverbrauch entrichten."[86]

„Die Industrie zu entlasten und allein die Kleinverbraucher die Zeche zahlen zu lassen, ist eine Dreistigkeit, die bisher ohne Beispiel ist", zitierte die „Frankfurter Rundschau" Verbraucherschützer Holger Krawinkel.

Aber das ist das durchgängige Prinzip bei der Energiewende. Sie beruht schließlich ganz wesentlich auf der Schröpfung der Bürger durch ihre Zwangsbeglückung mit zu teurer Energie. Mit dieser fortgesetzten Umverteilung zu Lasten der kleinen Leute dürften die Warnungen des Energiekommissars vor dem Ende des sozialen Friedens Wirklichkeit werden.

Auf die Bürger kommen aber noch eine Reihe neuer Kosten zu:

- **Die Folgen des Erneuerbare-Energien-Gesetzes**

Die folgenden Angaben stammen aus der Veröffentlichung vom 15. Oktober 2010 der vier Übertragungsnetzbetreiber (ÜNB), die per Gesetz verpflichtet sind, jeweils am 15. Oktober eines Kalenderjah-

---

[86] BDEW, wie Fn. 5, S. 27.

res die EEG-Umlage – das sind die durch das EEG verursachten Mehrkosten, die den Endverbrauchern aufgebürdet werden – für das folgende Jahr zu ermitteln: „Die ÜNB haben [...] auf Basis von Prognosen unabhängiger Gutachter **für 2011** eine EEG-Einspeisevergütung in Höhe von 16,7 Milliarden Euro ermittelt."

Davon gehen unglaubliche 8,38 Mrd. Euro an die Photovoltaik-Betreiber, die aber nur klägliche 1,9 Prozent der deutschen Stromerzeugung beisteuern.

„[...] Der prognostizierte Gegenwert des eingespeisten EEG-Stromes liegt bei ca. 4,7 Milliarden Euro. Die Differenz zwischen **prognostizierten** Vergütungszahlungen und Vermarktungserlösen ist ein wesentlicher Bestandteil der EEG-Umlage. Zusätzlich ist der Differenzbetrag zwischen den tatsächlichen Einnahmen und Ausgaben aus der EEG-Abwicklung der zurückliegenden neun Monate des aktuellen Jahres in Höhe von rund 1,1 Milliarden Euro zu berücksichtigen. **Insgesamt werden somit rund 13 Milliarden Euro über die EEG-Umlage refinanziert.**"[87]

Dies ist die Summe, die die Endverbraucher zusätzlich für den grünen Strom aufzubringen haben.

„Wie die vier ÜNB mitteilen, bedeutet dies im Jahre 2011 eine Belastung von 3,530 Cent pro Kilowattstunde. Für das Jahr 2010 betrug die EEG-Umlage 2,047 Cent pro Kilowattstunde."[88]

Das ist eine Steigerung von 73 Prozent in nur einem Jahr und bedeutet für einen Haushalt mit einem Jahresverbrauch von 2500 kWh:

- 88 € Mehrkosten durch das EEG im Jahre 2011,
- gegenüber 51 € im Jahre 2010.

Wesentlich interessanter ist aber die Vorhersage für 2012. Die Bundeskanzlerin hatte noch im Juni 2011 erklärt: „Die EEG-Umlage soll nicht über ihre heutige Größenordnung hinaus steigen. Heute liegt sie bei etwa 3,5 Cent pro Kilowattstunde." Umweltminister Röttgen versprach das Gleiche. Für 2012 hatte die Bundesnetzagentur an-

---

[87] Übertragungsnetzbetreiber veröffentlichen EEG-Umlage für 2011, Dortmund, 15. 10. 2010, http://www.amprion.net/pressemitteilung-EEG-Umlage-2011 [15. 5. 2012].
[88] Ebd.

schließend angekündigt, dass die EEG-Umlage bei 3,6 Cent pro Kilowattstunde liegen werde.
Nun zeigt die neue Prognose der Netzbetreiber vom 15. Oktober 2011 für das Jahr 2012, „dass die Bandbreite der Ökostrom-Umlage **zwischen 3,66 und 4,74 Cent / kWh** liegen wird."
Auch die Deutsche Energie-Agentur Dena widersprach Anfang Dezember: „Es wird nicht gelingen, die EEG-Umlage auf etwa 3,5 Cent pro Kilowattstunde zu begrenzen," sagte Dena-Chef Stephan Kohler der „Frankfurter Rundschau".
Laut Kohler ergeben Dena-Berechnungen, dass die Umlage **2013 bereits knapp unter 4 Cent und 2020 bei 5 bis 5,5 Cent** liegen wird. Für einen 3-Personen-Haushalt bedeutet das etwa 210 Euro Mehrkosten.
Im Januar 2012 lagen der Strompreis um 3 Prozent und der Gaspreis mit 6,7 Prozent über dem Preis des Vorjahres, wie das Statistische Bundesamt mitteilte.

- **Die Mieter trifft die Energiewende doppelt**

Das Gesetz zur Energieeinsparung in Gebäuden hat sich zu einer ernsten finanziellen Bedrohung für die Mieter entwickelt. Denn zu den ständig steigenden Stromkosten kommt im Falle einer Energiesanierung eines Miethauses eine kräftige Mieterhöhung hinzu. „Mieter zahlen für die Energiewende drauf", sagte Mieterbundchef Bernhard von Grünberg dem Bonner Generalanzeiger.

Nach geltendem Recht können Vermieter 11 Prozent der Modernisierungskosten auf die Jahresmiete aufschlagen. Im Schnitt steigt die Miete nach einer Energiesanierung um 2,40 € pro Quadratmeter, die Energieersparnis aber beträgt nur 50 Cent. „Die Miete steigt real um 1,90 € pro Quadratmeter," rechnet von Grünberg vor.

Der NRW-Mieterbund lehnt den Kabinettsentwurf der Mietrechtsreform des Bundes mit der weiterhin enthaltenen 11-Prozent-Kostenumlage auf die Mieten ab.

Die Wohnungsgesellschaft LEG hat in Ratingen festgestellt, dass viele Rentner wegen der gestiegenen Heizkosten ihre Heizung nicht mehr einschalten.

Inzwischen wird die Forderung nach Sozialtarifen für einkommensschwache Verbraucher erhoben und von der Politik – noch – abgelehnt.

- **Weitere Strompreiserhöhungen drohen durch die 2011 beschlossenen Energiewende-Pläne sowie durch die Umsetzung einiger bereits 2010 eingeleiteter Vorhaben.**
  - Die Abschaltung von acht Kernkraftwerken entzog dem europäischen Stromverbund schlagartig 9000 MW Grundlast. Der Strompreis stieg sofort an der Börse. Schätzungen belaufen sich auf +20 Prozent – und nicht nur für Deutschland. Die Netzbetreiber – siehe oben – konnten das bei ihrer Prognose vom Oktober 2010 noch nicht einbeziehen.
  - Eine große Zahl von energieintensiven Unternehmen hat – unbemerkt bei der Verkündung der Energiewende – von der Regierung eine weitgehende Befreiung von den Netzentgelten zugestanden erhalten. Mit der Überwälzung der dort eingesparten Kosten wieder auf die Endverbraucher. Auch das kommt noch hinzu.
  - Falls der riesenhafte geplante Ausbau des Höchstspannungsnetzes tatsächlich in Gang kommt – vieles spricht dagegen – dann werden alle damit verbundenen Kosten auf den Strompreis drauf gepackt.
  - Der Ausbau von Windkraft – speziell die teure Offshore-Windkraft – und von Photovoltaik und Biogaserzeugung geht unvermindert weiter. Nur bei der Photovoltaik voraussichtlich langsamer, aber wegen ihrer hohen Kosten weiterhin preistreibend. Damit steigt die EEG-Umlage weiter.
  - Es ist zu erwarten, dass die Regierung in Anbetracht der Unwilligkeit der Kraftwerksbetreiber, neue Gaskraftwerke zu bauen, dies mit Steuergeldern und Steuerermäßigungen anregt, da sich Gaskraftwerke als einzige fossile Kraftwerke der Sympathie der Regierung erfreuen. Leider ist der von ihnen erzeugte Strom wegen der hohen Gaspreise sehr teuer. Dann zahlen die Bürger wieder mehr.

- Falls es der Regierung wider Erwarten gelingen sollte, Zugang zu norwegischen Wasserkraftwerken als Speicher für Überschuss-Windstrom zu erlangen, wird Windstrom teurer. Dann steigt die EEG-Umlage.

- Es ist zu befürchten, dass die weiter zunehmende und in der Fläche verteilte Photovoltaik die bereits sichtbaren Netzprobleme in der regionalen Mittelspannungsebene derart verschärft, dass zusätzlich zu den ohnehin geplanten 3000 oder 4400 km Hochspannungstrassen noch ein starker Ausbau der regionalen Stromleitungen nötig wird. Diese Netze sind nicht auf viele Einspeiser ausgelegt, die Sonnenlicht-abhängig je nach Wetterlage kurzfristig extreme Leistungsspitzen erzeugen können. Die Verbraucher werden das dann ebenfalls zu bezahlen haben.

- Weil sich laut BDEW wegen der Außerbetriebnahme älterer fossiler Kraftwerke und der geringen Neubau-Aktivität bis zum Jahr 2030 eine Erzeugungslücke von ca. 33.000 MW auftun wird, wird dort über „neue Mechanismen und ein anderes Marktdesign für die Strompreisfindung" diskutiert. Eine Option seien „Kapazitätsmechanismen". Im Klartext: Mit einer zusätzlichen Vergütung sollen Investitionen für die „Vorhaltung von Erzeugungsleistung" – also den Bau von dann zumeist stillstehenden Kraftwerken, die bei Engpässen einspringen können – angeregt werden. Diese Investitionen unterbleiben heute logischerweise wegen der durch das EEG verursachten zunehmenden wirtschaftlichen Unattraktivität von Kraftwerksneubauten.[89]

In dieselbe Kerbe schlägt die Bundesnetzagentur[90]: Weil in Süddeutschland, das besonders hart von der Abschaltung von Kernkraftwerken betroffen ist, künftig (bis 2022) sogar mehr Kraftwerke außer Betrieb gehen werden, als neue auch nur geplant sind, wird vorgeschlagen, „über Allokationsanreize [vornehme Bezeichnung für Subventionen] für den Neubau von Kraftwerksleistung nachzudenken."

---

[89] BDEW, wie Fn. 15.
[90] Wie Fn. 63.

- Der BDEW scheint auch in Anbetracht der von ihm erwarteten Unrentabilität von Kraftwerksneubauten – sie würden zu 40 Prozent der Zeit still stehen – die Hoffnung auf ausreichend Neubauten zur Netzstabilisierung aufgegeben zu haben: Es schlägt deshalb vor, die am Ende ihrer im Durchschnitt 40-jährigen Lebensdauer stillzulegenden Altkraftwerke unbedingt weiter zu betreiben – natürlich mit umfangreichen Reparaturen, Nachrüstungen und Modernisierungen. Dies könnte „bei entsprechenden ökonomischen Rahmenbedingungen" – also Subventionen – „einen substanziellen Beitrag zur Deckung des Bedarfs an Kraftwerkskapazität liefern". Wer das dann bezahlen darf, ist klar.[91]
- Eine deutliche Warnung vor den dramatischen Folgen des steigenden Strompreises für Deutschland gab es mehrfach im Jahre 2011 von EU-Energiekommissar Günther Oettinger. Hohe Energiekosten gefährdeten nicht nur den Wirtschaftsstandort, sondern auch den sozialen Frieden, wenn ein Teil der Menschen die Stromrechnung nicht mehr bezahlen könne. „Ich bin überrascht, wie gedankenlos die Entwicklung der Strompreise hingenommen wird", sagte Oettinger. Deutschland zähle weltweit zu der Spitzengruppe bei den Strompreisen.
- Weil der Offshore-Windpark-Netzanbinder in Schwierigkeiten geraten ist, ertönt auch aus dieser Richtung der Ruf nach noch mehr Staatsgeld: Der in Finanzierungsproblemen steckende Netzbetreiber Tennet, der gesetzlich zum Anschluss aller Windräder in der Nordsee verpflichtet ist, hatte eine Idee: In einem Brief an den Bundeswirtschaftsminister schlug er vor, dass es „vor weiteren Aufträgen für den Anschluss von Offshore-Windparks bei der Haftung neue Regelungen geben müsse". Denn: „Wo Versicherungen nicht mehr einsprängen, müsse eine „Sozialisierung der Schäden" [!] ermöglicht werden".[92] Treffender kann man es nicht ausdrücken.

---

[91] BDEW, wie Fn. 15.
[92] Daniel Wetzel, wie Fn. 25.

Auch der Energiekonzern E.on, der unter Verweis auf die Verzögerungen durch Tennet dramatisch „Deutschland vor Scheitern der Windkraft" warnte, kritisierte, dass „die finanziellen Anreize für die Netzbetreiber unzureichend" seien. Die Regulierungsbehörde müsste daher Investitionen „höher vergüten".[93]

- Die Errichter von Offshore-Windparks haben ebenfalls bereits schmerzliche Erfahrungen mit großen Kostensteigerungen und Verzögerungen gemacht. Der Anlagenbauer Bard aus Emden, der den bisher größten Windpark in der Nordsee vor Borkum errichtet, ist in Finanzierungsschwierigkeiten geraten. Sollten derartige Kostensteigerungen den Unternehmen untragbar erscheinen, genügt vermutlich die Ankündigung, den Bau der Windparks einzustellen, um zusätzliche Steuermittel locker zu machen.[94]

- Die Offshore-Windkraft bringt auch neue Förderungskandidaten hervor: Birger Nicolai schrieb im Dezember 2011: „Das Rennen um öffentliche Gelder droht aus dem Ruder zu laufen: Selbst Häfen wollen sich den Umbau ihrer Kaianlagen vom Staat bezahlen lassen".[95]

Energiearmut droht
Der scharfe Preisanstieg für Strom und Gas hat nun zu ernsten Zahlungsschwierigkeiten für mehr und mehr Verbraucher geführt – bis hin zu dunklen Wohnungen. Bereits heute können Hunderttausende Haushalte in Deutschland ihre Energierechnungen nicht mehr bezahlen, wie die WELT am 22. Februar 2012 berichtete.

Wegen unbezahlter Rechnungen sei 2010 schätzungsweise 600.000 Haushalten die Energieversorgung abgeschaltet worden, teilte die Düsseldorfer Verbraucherzentrale NRW mit. Diese Schätzung wurde auf Grund einer Umfrage bei 58 Unternehmen der lokalen Energieversorger im größten Bundesland, von denen drei Viertel antworteten, ermittelt.

---

[93] WELT-online, wie Fn. 24.
[94] Birger Nicolai, wie Fn. 26.
[95] Ebd.

„Preisanstiege von rund 15 Prozent für Strom und Gas in den vergangenen zwei Jahren machen Energie für viele Haushalte unbezahlbar", sagte Verbraucherzentrale-Chef Klaus Müller. Die steigende Energie-Armut sei alarmierend. Im Jahre 2010 hatten die befragten Unternehmen allein in NRW drei Millionen Mahnungen wegen unbezahlter Stromrechnungen versandt. Sie drohten 340.000 Stromabschaltungen an und schalteten 62.000 Haushalten den Strom ab. Nach Hochrechnungen von Verbraucherschutzgruppen wurde allein in NRW ca. 120.000 Haushalten und bundesweit 600.000 Haushalten die Energie abgeschaltet.[96]

Eine Sprecherin der NRW-Verbraucherzentrale fügte hinzu, dass sich ihre Verbraucherberatung zunehmend auf die Frage konzentriert, wie Verbraucher mit Zahlungsverpflichtungen gegenüber ihren Energieversorgern zurechtkommen können.

Oettingers Prognose bezüglich sozialer Spannungen könnte Wirklichkeit werden, allerdings muss die Zahl der Haushalte ohne Strom erst die politisch wirksame Millionengrenze übersteigen.

Die notwendige Reaktion der Politik auf die beschriebenen Probleme, die durch die seit Jahren systematisch betriebene Verteuerung der Energie mit ihren zerstörerische Wirkungen verursacht wurden, wäre eine Rückführung der Energiesteuern und -abgaben auf die Größenordnung, die auch unsere Konkurrenten haben.

Das wäre allerdings nicht der deutsche Weg. Wie man bereits bei der Befreiung der energieintensiven Industrie von den Netzkosten gesehen hat, die nur auf die Verbraucher umverteilt wurden, wird man auch das Problem der wachsenden Energiearmut nicht durch eine kräftige Senkung der hohen Energiesteuern und -Abgaben lösen. Man wird vielmehr wie bereits bei Hartz-IV–Empfängern Energiekostenzuschüsse erfinden und sie an die von der Energiearmut Bedrohten über die Sozialämter verteilen. Das hat für den reglementierenden Bürokratenstaat den Vorteil, dass Bürger zu Bitt- und Antragsstellern und damit in ihrem vermutlich nicht klimagerechten Energieverbrauch kontrollierbar werden, anstatt ihnen ihr Geld zur eigenmächtigen Verfügung zu belassen.

---

[96] WELT Online: Hunderttausenden Haushalten wird der Strom gesperrt, 21. 2. 2012, http://www.welt.de/wirtschaft/energie/article13879599/Hunderttausenden-Haushalten-wird-der-Strom-gesperrt.html [19. 5. 2012].

Die im Kapitel 12 „Die Energie-Planwirtschaft ist Realität" aufgelisteten staatlichen Eingriffe in den Energiesektor sind ausnahmslos preistreibend, weil gegen den freien Markt gerichtet und stellen deshalb zugleich eine Auflistung der vielen Komponenten dar, die den Bürgern eine nicht enden wollende Kette von Strompreiserhöhungen bescheren werden.

Alle in den obigen Ausführungen beschriebenen, den Strompreis kräftig in die Höhe treibenden Handlungen der Regierung werden aber voraussichtlich von einem Ereignis in den Schatten gestellt, das am 1. Januar 2013 eintritt.

An diesem Tag beginnt die Versteigerung der Emissionszertifikate, die der Industrie bislang zugeteilt wurden. Nach einer Schätzung des Energiefachmanns Dr. Alfred Richmann, Meckenheim, wird der Strompreis „über Nacht" um ca. 50 Prozent steigen.

Dass diese Zertifikate die Emissionen in der EU um keine einzige Tonne reduzieren können, weil sie nur für die Umverteilung von Emissionen zwischen Ländern und Industrien sorgen, wie schon mehrfach aber erfolglos von Fachleuten bekräftigt wurde, ist nur eine weitere Absurdität in der Energie- und „Klimaschutz"-Politik der EU – und natürlich auch Deutschlands.

17. Ein internationales Urteil

Das World Energy Council – der Weltenergierat – ist das größte internationale Netzwerk der Energiewirtschaft. Seit über 80 Jahren besteht er in fast 100 Ländern. Es war dem World Energy Council vorbehalten, am 10. Oktober 2011 das Ergebnis einer internationalen Expertenbefragung zur deutschen Energiewende zu präsentieren; eine Befragung, die die deutsche Regierung besser selbst durchgeführt hätte, und zwar rechtzeitig vor der Verkündung ihrer dramatischen Politikänderung.

Die Umfrage erfolgte unter den mehr als 90 Länderkomitees. Grundlage der Ergebnisse sind Antworten aus den Rückläufen: Von Experten aus 21 Länderkomitees des World Energy Council, darunter 14 aus Europa.

Die wesentlichen Ergebnisse sind:

- Keiner der befragten Experten erwartet, dass Deutschland sämtliche Ziele der Energiewende in der anvisierten Frist erreichen kann.
- Nur 38 Prozent trauen Deutschland zu, einzelne Ziele – und zwar verspätet zu erreichen.
- Nur 29 Prozent schätzen, dass alle Ziele – verspätet – erreicht werden können.
- Bis 2020 erwarten 76 Prozent der Experten eine Schwächung der Wirtschaftskraft Deutschlands.
- Auch längerfristig – nach 2020 – erwarten 48 Prozent eine solche Schwächung. Nur 33 Prozent erwarten eine Stärkung.
- Der weit überwiegende Teil der Befragten – 71 Prozent – erwartet Preissteigerungen für Strom im eigenen Land!

- 29 Prozent der Befragten erwarten Strompreiserhöhungen von bis zu 10 Prozent.
- 24 Prozent erwarten Strompreiserhöhungen zwischen 10 und 20 Prozent.
- Einige Länder – 14 Prozent – gehen sogar von Preissteigerungen über 20 Prozent aus.

- Knapp zwei Drittel – 62 Prozent – der Befragten sehen erhöhte Gefahren für die Versorgungssicherheit Europas.
- 81 Prozent der befragten Länder lehnen den deutschen Weg als Vorbild für die Welt ab.
- Keiner der Experten hält es für vorstellbar, dass sein Land den deutschen Politikansatz vollständig übernehmen könnte.
- 62 Prozent können sich vorstellen, einzelne Elemente der Energiewende zu übernehmen. 33 Prozent kein einziges Element.

Fazit: Das Gutachten der internationalen Energieexperten fällt vernichtend aus.

18. Globale Entwicklungen gehen in eine andere Richtung

Es gibt drei starke Trends in der Energiewirtschaft und der Energiepolitik des gesamten Auslands:

- die weiterhin bestehende Dominanz der Kohleverstromung,
- die weltweite Renaissance der Kernenergie,
- die Erschließung der gewaltigen neuen Erdgasquellen (Shale Gas).
- Hinzu kommt ein Trend zur Reduzierung oder Beendigung der Subventionen für sogenannte Erneuerbare Energien.

Kohleverstromung
Die Kohleverstromung muss Deutschland angesichts des Kernkraft-Ausstiegs wieder erheblich ausbauen – ohne CO_2-Abscheidung. Selbst das ist jetzt durch die jahrelange und sehr erfolgreiche Klimakatastrophen-Propaganda mit der Kohle als gefährlichstem Primärenergieträger von erheblichen Unsicherheiten gekennzeichnet, wie oben ausgeführt wurde.

Diese Form der Stromerzeugung kommt jedoch bald unter starken Druck durch die neuen Erdgasvorkommen, wobei Deutschland vermutlich eher spät dazu kommt – s.u.

Kernkraft
Im Gegensatz zu Deutschland läuft im Rest der Welt weiterhin eine mächtige Aktivität zur Verstärkung und auch insbesondere zur erstmaligen Einführung dieser Technologie.

Zahlreiche innovative Neuentwicklungen verbreiten das Anwendungsfeld der Nukleartechnik auf sämtliche Bereiche der Energieanwendung. Zu erwähnen ist insbesondere die Entwicklung von Kleinreaktoren, die der Nukleartechnik sehr große neue Anwendungsfelder eröffnen
Ein kurzer Überblick:

- Ende 2010 wurden in 30 Ländern insgesamt 443 Kernkraftwerke (sechs Blöcke mehr als am 31. Dezember 2009) mit einer Nettoleistung von 376 GW (376.000 MW) betrieben, die damit um zirka 5 GW über dem Vorjahreswert lag.

- Sechs Kernkraftwerke haben 2010 den Betrieb neu aufgenommen.

- Ende 2010 gab es 62 aktive Bauprojekte für KKW in 15 Ländern – das sind neun im Bau befindliche Blöcke mehr als im Vorjahr: Argentinien: 1; Brasilien: 1; Bulgarien: 2; China: 27; Finnland: 1; Frankreich: 1; Indien: 5; Iran: 1; Japan: 2; Südkorea: 5; Pakistan: 1; Russland: 10; Slowakische Republik: 2; Taiwan: 2; USA: 1.

- Im fortgeschrittenen Planungsstadium befanden sich Ende 2010 102 KKW-Blöcke in 20 Ländern. Weitere sind in der Vorplanung.

Mit seinem Ausstiegsbeschluss und der sofortigen Stilllegung von acht Kernkraftwerken mit 8.800 MW Leistung befindet sich Deutschland allein in der Welt. Insbesondere die Schwellenländer haben einen derart großen Bedarf an elektrischer Energie, dass sie nur zwischen Kohlestrom und Kernkraftstrom wählen können. Die größten dieser Länder – China und Indien – haben beide Optionen gewählt und sind inzwischen selbst zu den dynamischsten Entwicklern modernster Nukleartechnik herangereift.

Eine aktuelle Antwort auf den deutschen Kernkraftausstieg gaben im Februar 2012 die USA, Frankreich und England:

- Die zuständige U.S. Nuclear Regulatory Commission genehmigte die Errichtung der beiden neuen Reaktoren im KKW Vogtle/Georgia. Dies war die erste neue Baugenehmigung seit 1978. Die Reaktoren vom neuen Typ AP 1000 des Herstellers

Westinghouse/Toshiba könnten zwischen 2016 und 2017 in Betrieb gehen.

- Die französische Regierung teilte mit, dass Frankreich die Laufzeiten seiner Kernkraftwerke deutlich über 40 Jahre hinaus verlängern will. Die französischen Kraftwerksbetreiber seien gebeten worden, die Laufzeiten auszudehnen. Damit folgte die Regierung der entsprechenden Empfehlung des Rechnungshofs. Industrieminister Bresson erklärte, „dass es Verschwendung wäre, unsere Reaktoren nach 40 Jahren zu stoppen." Er ergänzte, dass die Reaktoren in den USA im Schnitt 60 Jahre am Netz seien.

- Die englische und die französische Regierung vereinbarten am 17. Februar 2012 eine intensive Zusammenarbeit auf dem Gebiet der friedlichen Nutzung der Kernenergie.

Shale-Gas
Die neue Bohr- und Erschließungstechnologie für die riesigen, lange bekannten, bislang unzugänglichen Shale-Gas-(Schiefer-gas)-Vorkommen hat in den letzten Jahren eine Revolution auf dem Weltenergiemarkt ausgelöst.

Die Internationale Energieagentur rechnet mit Vorräten in der Höhe des 250-fachen Jahresverbrauchs in der Welt. Sie spricht in ihrem World Energy Outlook gar von einem „goldenen Zeitalter" für Erdgas. Sie geht von einem jährlichen Nachfrage-Anstieg von zwei Prozent bis 2035 aus. Vor allem bei der Stromerzeugung und der Wärmeversorgung löse Gas andere Brennstoffe ab.

Bereits jetzt decken die USA, wo Shale-Gas in großem Stil gefördert wird, inzwischen ihren Gasbedarf aus eigenen Quellen und beginnen mit Erdgasexporten. Amerika hat inzwischen Russland als weltgrößten Gasproduzenten abgelöst. Es gibt in den USA ca. 3.000 Bohrungen für Erdgas, monatlich kommen ca. 135 hinzu. Die Förderung von Shale-Gas stieg von 11 Mrd. m^3 im Jahre 2000 auf 136 Mrd. m^3 in 2010.

Dieser Shalegas-Boom hat den Erdgas-Preis drastisch gedrückt:

- Noch Anfang 2008 betrug der Erdgaspreis für 1 Mio BTU (Wärmemengeneinheit in den USA) 8,0 US-Dollar; er stieg sogar kurzfristig Mitte 2008 auf 13 US-Dollar.

- Seit Herbst 2008 fällt der Erdgaspreis und erreichte im Januar 2012 mit 2,77 US-Dollar fast wieder den Stand des Jahres 2000. Mit einem weiteren Rückgang wird gerechnet.

Mitte März 2012 gab es die Nachricht vom U.S.-Energiemarkt, dass der gesunkene Gaspreis nun auch den Preis für Kraftwerkskohle drückt. Bergbaukonzerne und Rohstoffhandelshäuser mussten erhebliche Preisabschläge hinnehmen: Noch 2011 hatte der Preis für Kraftwerkskohle bei 130 US-Dollar pro Tonne gelegen. Inzwischen ist er am Spotmarkt im australischen Newcastle unter 110 US-Dollar pro Tonne gerutscht.

Nun bestehen Chancen für billigeren Strom aus Steinkohlekraftwerken – auch in Deutschland.

Indem zusätzlich die Steuern für den KFZ-Treibstoff Erdgas drastisch gesenkt wurden, hat die US-Regierung einen Anreiz für die allmähliche Umstellung der riesigen LKW-Flotte von Diesel auf Erdgas geschaffen. Auch die PKW-Hersteller könnten diese Chance nutzen, da der Benzinpreis steigt.

Exxon Mobile erwartet in einer neuen Prognose, dass Erdgas bis 2030 die Kohle als wichtigsten Stromlieferanten verdrängen wird.

Vermutete Vorkommen von „unkonventionellem" (Shale-Gas) und konventionellem Erdgas:

- Konventionell: 241 Billionen Kubikmeter

- Unkonventionell: 1720 Billionen Kubikmeter, davon Europa 84.

- Die Deutsche Rohstoffagentur schätzt das deutsche Erdgaspotenzial auf 827 Mrd. m^3, davon seien 80 Prozent „unkonventionelles Gas" (Schiefergas und Kohleflözgas).

In NRW werden die zweitgrößten Vorkommen Europas vermutet. In NRW und Niedersachsen suchen etwa zwei Dutzend Konzerne nach wirtschaftlichen Vorkommen. Es wird jedoch noch Jahre dauern, bis die Daten aus den Probebohrungen ausgewertet sind.

In Polen haben die Behörden in den vergangenen zwei Jahren 70 Konzessionen für Probebohrungen vergeben.

Bereits jetzt haben sich Bürgerinitiativen im Emsland und in NRW gegen die Probebohrungen gebildet. Man befürchtet Umweltgefahren, z.B. eine Beeinträchtigung des Trinkwassers durch das sogenannte Fracking: Damit wird das Gestein durch Einpressen einer mit Spezialsand beladenen Flüssigkeit unter hohem Druck aufgebrochen. Die Landesregierung NRW erteilt für das Fracking-Verfahren derzeit keine Genehmigungen mehr. Die inländischen Produzenten halten dagegen: Fracking sei sicher; man verweist auf 300 durchgeführte Verfahren.

Der an der Rockefeller Universität in New York tätige Umweltforscher Jesse Ausubel sagte zu Shale-Gas in einem Interview im Jahre 2010: „Es ist nicht aufzuhalten. Gas wird der in der Welt dominierende Energieträger für den größeren Teil der kommenden hundert Jahre werden. Kohle und die Erneuerbaren werden verdrängt, während Öl hauptsächlich für den Transport verwendet wird. Selbst Kernkraft wird sich verzögern."

Und der britische Journalist Matt Ridley schrieb 2010: „Das Beste am billigen Gas sind jene, denen es Kummer macht. Die Russen und die Iraner hassen es, weil sie glaubten, dass sie den Gasmarkt in den kommenden Dekaden kontrollieren würden. Die Grünen hassen es, weil es ihr Argument zerstört, dass die fossilen Energieträger immer teurer werden würden, bis schließlich Wind- und Solarkraft konkurrenzfähig geworden sind. Das gilt auch für die Nuklearindustrie. Der große Verlierer aber wird die Kohle sein."

Nicht verwunderlich, dass eine seltsame Allianz von Grünen, Kohlewirtschaft, Kernkraftindustrie und konventionellen Gaserzeugern mit Umweltargumenten gegen die Shale-Gas-Gewinnung arbeitet. Erste Erfolge dieser Allianz sind sichtbar:

In Frankreich wurde die Fracking-Technik verboten. Das ist sicherlich nicht auf eine plötzlich auftretende grüne Wende der Regierung zurückzuführen, sondern sehr wahrscheinlich auf die starke Position der Kernkraftindustrie, die wohl zu Recht um ihren gewaltigen Stromabsatz für die elektrische Beheizung von Frankreichs Häusern fürchtet, die das Land im Winter sogar zum Stromimporteur macht.

In Deutschland waren Proteste – allerdings hier nicht von der Atomwirtschaft – sicher zu erwarten; zum Ärger dieser Kritiker haben jedoch Vertreter Niedersachsens trocken mitgeteilt, dass sie die vorgetragenen Sorgen nicht teilen, da sie selbst viele Jahre lang Erfahrungen mit den benutzten Techniken haben, und zwar ohne Probleme.

Interessant wird die Haltung der Rot-Grünen NRW-Landesregierung zu der Erschließung der im Lande liegenden Vorkommen sein: Die Grünen sicherlich dagegen, auch wenn sie bisher immer Erdgas als wünschenswerte und klimafreundliche Alternative zur Kohle herausstellten; die SPD wird wohl mit freudiger Erwartung auf die zusätzlichen Steuereinnahmen blicken. In unseren ebenfalls Shale-Gas-begünstigten Nachbarländern – insbesondere Polen – wird man hingegen diesen unverhofften Energiesegen nach Kräften nutzen.

Die deutsche Haltung wird somit voraussichtlich eine Mischung aus Förderung hier und Eiertanz dort werden, mit dem gemeinsamen Merkmal, dass es auf jeden Fall länger dauert als bei den Nachbarn.

Gaskraftwerke mit ihren sehr hohen Brennstoffkosten – der Gaspreis macht 74 Prozent der Stromerzeugungskosten eines modernen GuD-Kraftwerks aus – würden dann deutlich billiger Strom erzeugen können und mindestens in die Mittellasterzeugung vordringen. Die Heizungskosten würden beträchtlich sinken und der Erdgasantrieb im Transportsektor würde attraktiver.

Weil bei der Verbrennung von Gas nur halb so viel CO_2 entsteht, wie bei Kohle, wird der neue Boom Folgen für den Emissionshandel haben. Die Preise für „Verschmutzungsrechte" dürften sinken und das wiederum hätte Folgen für die „erneuerbaren" Energien: Je stärker die Preise von CO_2-Rechten sinken, desto schwerer kann Wind- und Solarstrom im Wettbewerb bestehen.

Man würde sich dann wohl fragen, wozu man eigentlich die vielen teuren Windräder und Photovoltaikanlagen errichtet hat.

Eine Energiewende hätte man dann tatsächlich, aber ganz anders als es die Regierung geplant hatte. Ob sie diese Entwicklung ebenso wie das übrige Ausland als große Chance begreift, ist keineswegs sicher.

19. Schäden und Kollateralschäden

Die „aktuelle" Energiepolitik[97] besteht aus sechs grundsätzlichen Fehlern, vier Sekundärfehlern sowie einer immer länger werdenden Reihe von weiteren potenziellen Kollateralschäden, mit denen die Schadwirkungen der Grundsatzfehler repariert werden sollen. Wobei diese „Reparaturmaßnahmen" niemals den Grundübeln zu Leibe rücken, sondern im Gegenteil stets so eingerichtet werden, dass die gefährlich gewordenen primären Schadwirkungen durch neue kostspielige Investitionen, Subventionen und Kostenüberwälzungen auf die Verbraucher zugekleistert werden – womit sie selbst zu neuen Schädigungen von Bürgern und Wirtschaft führen.

Das Prinzip ist: Alte Fehler weiterbestehen lassen, neue Fehler einführen, um die dahinter stehende planwirtschaftliche Ideologie zu schützen.

Die Grundsatzfehler sind (siehe auch Kap. 2):
1. Die Fokussierung des EEG auf die Stromerzeugung. Der Sektor Wärmeversorgung wurde sowohl bezüglich der dort umgesetzten Energiemengen als auch bezüglich der Importabhängigkeit der dort eingesetzten, überwiegend fossilen Energieträger übergangen.

2. Das verfolgte Ziel, bei der Stromerzeugung von fossilen Energieträgern wegzukommen, wurde mit einer falschen Förderungspolitik angegangen: Man wählte bestimmte Techniken dafür aus, anstatt Einsparziele für die Energieträger vorzugeben und die Wahl der dafür geeigneten Techniken bzw. deren Weiterentwicklung dem industriellen Wettbewerb zu überlassen.

---

[97] Vgl. dazu BMWi, BMU: Der Weg zur Energie der Zukunft – sicher, bezahlbar und umweltfreundlich. Eckpunktepapier der Bundesregierung zur Energiewende, 6. 6. 2011, www.bmu.de/energiewende/beschluesse_und_massnahmen/doc/47465.php [19. 5. 2012].

3. Es wurde zwar ein riesiger Ausbau von Wind- und Solarstrom vorangetrieben, aber dabei wurden die zum Ausgleich von deren großen Leistungsschwankungen notwendigen Stromspeicher schlicht ausgeblendet; möglicherweise sogar vergessen. Die wenigen Pumpspeicherkraftwerke reichen bei weitem nicht aus. Jetzt hat man das Speicherproblem erkannt, aber gleichzeitig feststellen müssen, dass es selbst mittelfristig keinen Weg zur Ausrüstung des Netzes mit ausreichender Speicherkapazität gibt.

4. Das EEG hatte von Anfang an planwirtschaftliche Tendenzen, die sich mit den extrem zunehmenden Subventionen für die ausgewählten „Erneuerbaren" zur Umwandlung des ehemals marktwirtschaftlich ausgerichteten Energiesektors in einen von Planwirtschaft gefesselten Sektor auswuchsen.

5. Der Ausstieg aus der Nutzung der Kernkraft – ohne jegliche sicherheitstechnischen Argumente, auch ohne Rücksicht auf die wirtschaftlichen Auswirkungen, sondern nur als eine Maßnahme zur Besetzung und Entkräftung eines Themenfeldes der politischen Gegner.

6. Bereits die älteren Ansätze für den Umbau der deutschen Stromversorgung wurden als nationaler Alleingang verfolgt. Den durch ein Verbundnetz mit Deutschland in der Stromversorgung eng verbundenen Nachbarländern wurde nur das großartige deutsche Vorbild vorgeführt – von der nötigen Kooperation war nichts zu sehen. Diese Haltung erreichte ihren extremen Höhepunkt mit der ohne jegliche Vorwarnung oder gar Konsultation durchgeführten Abschaltung von 7+1 Kernkraftwerken, was schlagartig dem europäischen Stromverbund 8.400 MW an Grundlaststrom entzog. Diese Rücksichtslosigkeit und Arroganz hat in den Nachbarländern große Verstimmung ausgelöst. Dies wird sich nun rächen, wenn Deutschland weiterhin versucht, seine steigenden, unberechenbaren Wind- und Solarstrom-Überschüsse in die Nachbarnetze zu exportieren – siehe Sekundärfehler Nr. 13.

Die Sekundärfehler:

7. Die Grundsatzfehler Nr. 1 bis 4 sorgten für einen enormen Ausbau der Windkraft, der logischerweise in Norddeutschland und damit fern von den industriellen Verbrauchszentren im Süden von statten ging. Das bestehende Übertragungsnetz ist nicht für diesen zusätzlichen Stromtransport ausgelegt. Ein riesiger, teurer Ausbau des Höchstspannungs-Übertragungsnetzes wird deshalb geplant.

8. Bei den Ausbauplänen für das Höchstspannungsnetz vergaß die Regierung, dass die ebenfalls riesenhaft ausgebaute regional verteilte und deshalb in die Verteilungsnetze einspeisende Photovoltaik sowie die landgestützte Windkraft und die Biostromeinspeisung auch diese Netze überlastet – weshalb man nun auch an deren Ausbau herangehen muss. Der Teil des Verteilungsnetzes, das auszubauenden wäre, ist 70-mal länger als der auszubauende Teil des Höchstspannungsnetzes (s. Kap. 10).

9. Die grenzwertige aber notwendige Belastung des Übertragungsnetzes machte Teilstilllegungen unmöglich und behinderte so notwendige Reparatur- als auch die Ausbaumaßnahmen des Netzes, die eigentlich das Problem Nr. 7 lindern sollten. Damit behindern die Grundsatzfehler sogar teure Maßnahmen zur Verbesserung der durch sie erst geschaffenen ernsten Situation.[98]

10. Die Grundsatzfehler Nr. 1 und 2 führten wegen der deutlich höheren bis extremen (PV) Stromgestehungskosten der „Erneuerbaren" und deren Einspeisungszwang unweigerlich zu stetig ansteigenden Strompreisen. Man erkannte die Bedrohung der energieintensiven Industrie – und entlastete einfach diese Industrie durch Überwälzung von Strom- und Netzkosten auf die privaten Verbraucher, anstatt die außerordentlich hohen staatlichen Steuern und Abgaben auf die Energie zu senken. Eine Folge: Energiearmut – siehe Nr. 18.

---

[98] Vgl. Daniel Wetzel: Bund richtet Krisenstab für Stromversorgung ein, WELT Online, 5. 3. 2012, http://www.welt.de/wirtschaft/energie/article13863468/Bund-richtet-Krisenstab-fuer-Stromversorgung-ein.html [19. 5. 2012].

Die folgenden **Kollateralschäden** der Energiewende sind noch nicht eingetreten, jedoch wahrscheinlich und nach der bislang verfolgten Logik des Regierungshandelns werden sie begangen:

11. Der Kernkraftausstieg (Fehler Nr. 5) verknappte schlagartig das Grundlast-Stromangebot. Damit wurde sowohl der Weiterbetrieb von stillzulegenden alten Kohlekraftwerken als auch deren Neubau sehr wichtig. Für beide Maßnahmen fehlt jedoch das Interesse von Investoren, weil sie durch den Vorrang des EEG-bevorzugten Wind- und Solarstroms bis zu 40 Prozent der Zeit stillstehen und deshalb unwirtschaftlich sind. Deshalb werden bereits jetzt finanzielle Anreize (Subventionen, Investitionszuschüsse, Strompreiserhöhungen etc.) gefordert, damit diese Investitionen überhaupt erfolgen (siehe Kap. 9).

12. Eine Variante von Fehler Nr. 5 und dessen Folge Nr. 10 stellen Subventionen bzw. finanzielle Hilfen für das „Vorhalten von Erzeugungsleistung" dar, die in offiziellen Gutachten für die Sanierung und den Weiterbetrieb alter, unrentabler Kohlekraftwerke gefordert werden (Kap. 9).

13. Die nicht ausreichenden Nord-Süd-Höchstspannungstrassen haben dazu geführt, dass überschüssiger Windstrom, der nach Süddeutschland transportiert werden soll, nun über Polen und Tschechien geleitet wird – wo er beträchtliche Netzprobleme verursacht. Die Drohung aus Polen, diese Durchleitung zu unterbinden, hat in Berlin große Sorge und einen dringenden Gesprächsbedarf mit den Nachbarn, die man zuvor nicht gefragt hatte, ausgelöst. Das wird teuer enden, weil unsere Nachbarn nicht das geringste Interesse daran haben, die selbst verursachten deutschen Probleme gratis zu lösen. Deshalb wird man die Windstromerzeugung nicht etwa drosseln, sondern – alter Fehler führt zu neuem Fehler – das Problem durch Zahlungen behandeln.

14. Das nicht begriffene Speicherproblem – siehe Grundsatzfehler Nr. 3 – lockt nun neue Interessenten an staatlichen Beihilfen hervor: Auf der Energiespeicher-Konferenz IHRES in Berlin wurde ein EEG-ähnliches Gesetz auch für Energiespeicher mit An-

schlusszwang und Vergütung gefordert. Auch Investitionszuschüsse seien geeignet.

15. Der Netzbetreiber Tennet, der die Offshore-Windparks anschließen soll und erhebliche finanzielle Probleme hat, forderte vor kurzem „neue Regelungen" bei der Haftung für den Anschluss von Offshore-Windparks. Es müsse „eine Sozialisierung der Schäden" geben (wörtliches Zitat).

16. Ost- und Nordseehäfen, die ihre Kaianlagen für den Bau und den Anschluss von Offshore-Windparks aus- bzw. umbauen sollen, wollen sich das vom Steuerzahler bezahlen lassen.

17. Die Betreiber von Photovoltaikanlagen leiden unter der strikten Regelung der Netzbetreiber, keine Frequenzerhöhung über 50,2 Hertz zu tolerieren, was bei zu starker Einspeisung passieren kann. Abhilfe können elektronische Zusatzgeräte an den PV-Anlagen schaffen. Sie müssten bezahlt werden. Von wem wohl?

18. Wenn die sogenannte Energiearmut wegen nicht mehr verkraftbarer Energiepreise zunimmt, wird es vermutlich Energiekostenzuschüsse auf Antrag geben. Finanzierung dann über die Steuern oder wieder über die Strompreise.

Dies ist eine nach unten offene Liste, die sich noch verlängern dürfte. Interessant sind die Fehler-Rückkopplungseffekte, bei denen selbst die verzweifelten Reparaturversuche der Fehler und ihrer dazu gehörenden Schäden wiederum durch die Eigenschaften des Originalfehlers behindert werden – siehe Fehler Nr. 9.

Für hochkomplexe technische Systeme, wie es ein nationales Stromversorgungsnetz mit seinen angeschlossenen Erzeugern darstellt, sind derartige Kombinations- und Akkumulationseffekte von Problemen der Normalfall. Unnormal ist einzig der Versuch von Bürokraten, diesen Herausforderungen mit Gesetzesnovellierungen und Paragraphen Herr zu werden.

Bezeichnend auch die Taktik, unerträglich werdende Kosten für die Wirtschaft auf die privaten Energieverbraucher abzuwälzen – was entsprechend dem bereits begangenen Fehler Nr. 10 auch für alle anstehenden Fehler Nr. 11 bis 17 möglich ist.

Die Regierung ist offenbar entschlossen, an der grundlegenden Fehlentscheidung, die mit dem Erneuerbaren Energie-Gesetz getroffen wurde, um jeden Preis festzuhalten. Als Konsequenz dieser Haltung sind ständig weitere neue Reparatur-Fehlentscheidungen erforderlich, um die unübersehbaren Engpässe und Schäden vorübergehend zuzudecken.

Im Ergebnis muss in Deutschland das gesamte System der Stromerzeugung doppelt errichtet werden: Riesige Investitionen in unzuverlässige und teure Wind- und Solarstromanlagen – und dann noch einmal die nahezu gleiche Investition in teilweise stillstehende Kohle- und Gaskraftwerke. Hinzu kommt ein enormer Ausbau der Übertragungs- und auch der Verteilungsnetze sowie teure Stromspeicher als Ausgleichs- und Reservekapazität für den unberechenbaren und damit mittlerweile wegen seiner enormen Leistung auch gefährlichen Wind- und Solarstrom. Ferner Ärger mit den Nachbarländern, die durch die deutsche Energiewende geschädigt werden.

Der doppelte Ausbau der deutschen Stromerzeugung ist inzwischen eine scheinbar auch von der Wirtschaft nicht mehr in Frage gestellte Strategie, was kürzlich zur folgenden trockenen Feststellung des Stromhandelsexperten Christian Hewicker des Beratungsunternehmens Kema führte: „Für erneuerbare Energien ist ein konventionelles back-up mit fast der gleichen Leistung notwendig."

Was es für die Wettbewerbsfähigkeit und die Arbeitsplätze bedeutet, wenn Deutschland als einziges Land der Welt seine Stromerzeugung in der Kapazität doppelt, dabei aber in den Kosten sogar mehr als doppelt so teuer ausbaut, kann man sich unschwer vorstellen. Günther Oettinger hat die Konsequenzen bereits genannt.

20. Wie geht es weiter?

Die Feststellung, dass buchstäblich alle in den Energiewende-Gesetzen angestrebten Ziele nicht erreichbar sind, bedeutet, dass dieser energiepolitische Kurswechsel bereits jetzt gescheitert ist.

In keinem der für die sichere Stromversorgung relevanten Themenfelder bestehen auch nur geringe Erfolgschancen für die Zielerreichung.

Das erklärt das vernichtende Urteil der internationalen Experten, die unbeeinflusst von deutschen Fördermitteln und unbeeindruckt von deutscher Medienpropaganda allein auf der Grundlage ihres Sachverstandes und ihrer Erfahrung ihr Urteil fällten.

Die Frage der Kapitelüberschrift ist leider nicht zu beantworten. Die deutsche Energiepolitik ist dermaßen erratisch, von Tagespolitik bestimmt und deshalb auch für unsere Nachbarländer unberechenbar und verantwortungslos geworden, dass jegliche Prognosen, die sich altmodisch auf das Fortschreiben notwendiger, sinnvoller und realistischer Entwicklungen abstützen, unmöglich sind.

Für die Deutschen und ihre Nachbarn sind das keine schönen Aussichten.

Die folgende Prognose ist jedoch zwingend: Die im Energiesektor ausufernde, die Wirtschaft schwer schädigende Plan-Misswirtschaft wird nach einigen Jahren spektakulär scheitern, weil ihre wirtschaftlichen und sozialen Kosten untragbar geworden sind.

Die offene Frage ist nur, wie viele Milliarden Euro erst vernichtet werden müssen und wie stark die Arbeitslosigkeit erst steigen muss, bis eine neue Energiepolitik (eine neue Energiewende?) den Scherbenhaufen zusammenkehrt.

Ein amerikanischer Präsident hat einmal den dauerhaft gültigen Satz gesagt: „It´s the economy, stupid!"

Es ist die Wirtschaft, Dummkopf.

Professor Helmut Alt von der FH Aachen hat die finale Auswirkung der deutschen Energiepolitik in einem Satz zusammengefasst:

„Die deutsche Politik hat Energie zum Luxusgut erklärt. Die Ärmsten werden es zuerst zu spüren bekommen, aber die haben keine Lobby."